Julius von Ficker

Die Reichshofbeamten der staufischen Periode

Julius von Ficker

Die Reichshofbeamten der staufischen Periode

ISBN/EAN: 9783743370227

Hergestellt in Europa, USA, Kanada, Australien, Japan

Cover: Foto ©ninafisch / pixelio.de

Manufactured and distributed by brebook publishing software
(www.brebook.com)

Julius von Ficker

Die Reichshofbeamten der staufischen Periode

DIE

REICHSHOFBEAMTEN

DER

STAUFISCHEN PERIODE

VON

M. J. FICKER

CORRESPONDIRENDEM MITGLIEDE DER KAIS. AKADEMIE DER WISSENSCHAFTEN

WIEN

AUS DER K. K. HOF- UND STAATSDRUCKEREI

—

IN COMMISSION BEI KARL GEROLD'S SOHN, BUCHHÄNDLER DER KAIS. AKADEMIE
DER WISSENSCHAFTEN

1863

(Aus dem Novemberhefte des Jahrganges 1862 der Sitzungsberichte der phil.-hist. Classe der kais. Akademie der Wissenschaften [XL. Bd., S. 447] besonders abgedruckt.)

Es wurde neuerdings mehrfach darauf hingewiesen, wie überaus bedeutend die Stellung war, welche die Dienstmannen des Reiches im Laufe des zwölften Jahrhunderts zu erringen wussten; und unter ihnen waren es dann insbesondere die Träger der obersten Hofämter, welche den weitgreifendsten Einfluss auf die allgemeinen Angelegenheiten des Reiches gewannen. Das Ehrenvolle der persönlichen Dienstleistung beim Kaiser, der reiche Besitz, zu dessen Begründung und Erweiterung ihre Stellung so manche Gelegenheit bot, liessen mehr und mehr den Mangel freier Geburt übersehen, während es eben wieder dieser Mangel, diese persönliche Unfreiheit war, welche sie ungleich enger als den Unterthanen, als den Lehensmann an die Person des Herrschers band, welche bei dem, was sie für Kaiser und Reich leisteten, mehr als das bei irgend einem andern Stande der Fall war, nicht blos das Bewusstsein der Pflichterfüllung, sondern auch der Förderung der eigenen Interessen begründen musste. Zuverlässigeren Händen konnte der Kaiser seine Angelegenheiten, so weit Laien denselben überhaupt gewachsen waren, nicht anvertrauen. Die Dienstleistungen, zu welchen ihr Amt sie zunächst verpflichtete, boten den leichtesten Weg, das Vertrauen des Herrschers zu gewinnen, vermittelten den Übergang zu einer immer bedeutender hervortretenden Stellung; aber sie sind für diese, zumal in den späteren Zeiten unserer Periode,

1 *

nicht mehr das vorzugsweise Massgebende. Das Gewicht der Reichsbeamten liegt nicht mehr darin, dass ihnen diese oder jene Verrich-
tung am kaiserlichen Hoflager obliegt; sie sind am Hofe vorzugsweise als ständige Räthe des Herrschers; wir finden sie als Vor-
münder und Erzieher unmündiger Könige, als Führer kaiserlicher
Heere, als Gesandte beauftragt mit der Vermittlung der wichtigsten
Staatsgeschäfte; sie verwalteten in Deutschland den Besitz des
Reiches und des Kaiserhauses, werden als Boten oder Statthalter
des Reiches nach Italien gesandt; es ist fast kein wichtiges Ereig-
niss dieser Zeit, bei welchem nicht der Name des einen oder des
andern von ihnen genannt würde.

Dieser Einflussnahme der Reichshofbeamten auf die allgemeinen
Reichsangelegenheiten näher nachzugehen, ist nicht der Zweck der
vorliegenden Arbeit. Es wäre das eine Aufgabe, deren gesonderte
Behandlung sich kaum empfehlen dürfte, deren Lösung entsprechender den allgemeinen Bearbeitungen der Geschichte unserer
Kaiser und unseres Reiches in der bezüglichen Periode vorbehalten
bleibt. Immerhin wird aber das, was hier zusammengestellt wurde,
auch die Lösung dieser Aufgabe mannigfach erleichtern können.

Eben so wenig lag es zunächst in meiner Absicht, die Bedeutung der Reichshofämter an und für sich, die mit ihnen verbundenen
Rechte und Pflichten näher zu erörtern. Denn abgesehen davon,
dass für die hervorragende Stellung der Hofbeamten ihre eigentlichen Amtsverrichtungen kaum das vorzugsweise Massgebende zu
sein scheinen, würde auch in dieser Richtung eine gesonderte Behandlung der Hofämter des Reiches nicht angemessen erscheinen
können. Denn gerade für das Reich, wie das auch bei anderen
Gegenständen unserer Verfassungsgeschichte so häufig der Fall ist,
fehlt es uns durchaus an zureichenden Quellen; kein Reichsdienst-
recht, keine Einzelverfügung über Rechte und Pflichten der Reichshofbeamten liegt uns vor; Urkunden und Geschichtschreiber geben
kaum hie und da eine dürftige Andeutung. Festen Boden würde
hier die Untersuchung unzweifelhaft nur durch eine weitere Fassung
der Aufgabe gewinnen können, durch eine Untersuchung der Stellung auch der fürstlichen Hofbeamten, für welche wir vielfach aus-
reichendere Quellen besitzen, auf deren Grundlage sich dann erörtern liesse, in wie weit wir daraus auf die Reichshofämter zurück-
schliessen dürfen. Und wenn in dieser Richtung Manches zu thun

übrig bleibt, so wird man doch auch nicht sagen können, dass die
neuere Forschung hier eine Lücke zeigt; es mag genügen, an die
Erörterungen von Fürth zu erinnern.

Eine Lücke der Forschung aber, welche mir bei anderweitigen
Untersuchungen fühlbar wurde und die nachfolgende Zusammenstellung veranlasste, war unzweifelhaft darin zu sehen, dass uns die
Reihenfolge der Reichshofbeamten nur ganz ungenügend bekannt
war. An und für sich möchte eine Aufzählung der in den einzelnen
Ämtern vorkommenden Personen, eine genauere Feststellung der
Zeit ihrer Amtsführung ziemlich entbehrlich scheinen. Aber es handelt sich dabei zugleich um die Gewinnung der Grundlage, von der
aus allein einige Fragen von grösserer Bedeutung ihre Erledigung
finden können; so insbesondere die Fragen, ob es nur je einen
obersten Reichshofbeamten gab, oder ob die einzelnen Ämter mehrfach besetzt waren; ob die Ämter, wie später unzweifelhaft der Fall
war, in Weise der Reichslehen vererbten oder aber anderweitig
besetzt wurden.

Für die gesammte Reihe sind wir noch jetzt auf Zusammen-
stellungen aus dem vorigen Jahrhunderte hingewiesen, welche dem
Bedürfnisse in keiner Weise genügen können; nur ein geringer
Theil des jetzt vorliegenden Materials ist dort benützt, Zeugnisse
sehr verschiedenen Werthes mit einander vermengt, Reichshofbeamte und in den Kaiserurkunden vorkommende fürstliche Hofbeamte nicht unterschieden.

Nur für einen kürzeren Abschnitt liegt uns eine neuere Arbeit
vor. Huillard-Bréholles hat in der Einleitung zu seiner urkundlichen
Geschichte K. Friedrich's II. aus den Urkunden des Kaisers und
seiner Söhne die Namen der Hofbeamten und die Jahre, in welchen
die einzelnen vorkommen, ausgehoben. Er glaubt daraus ein Doppel-
tes schliessen zu dürfen; einmal, dass es mehrere Reichshofbeamte
gab, welche gleichzeitig ein und dasselbe Amt versahen; dann dass
die Hofämter sich wie Lehen in den einzelnen Familien vererbten.

Dürfen wir nun dieses Ergebniss als gesichert und genügend
betrachten? Zunächst wird nicht zu verschweigen sein, dass die
Grundlage, auf der es gewonnen wurde, sich nicht überall bewährt.
Auch abgesehen von aller kritischen Sichtung ergibt eine vollstän-
dige Durchsicht des von Huillard selbst gesammelten Urkunden-
schatzes noch manche Ergänzung und Berichtigung, während anderer-

seits nach genauerer Prüfung manche der von ihm aufgeführten
Personen als nicht zu den Reichshofbeamten oder nicht in diese Zeit
gehörig zu streichen sind. Und weiter hat Huillard alle Anhalts-
puncte ausser Acht gelassen, welche zum Theil sehr deutlich darauf
hinweisen, dass, wenn auch gleichzeitig mehrere Personen in demselben Amte genannt werden, doch nicht alle als gleichstehend
betrachtet werden können.

Nun würde freilich auch eine nach diesen Gesichtspuncten be-
richtigte Reihe der Reichshofbeamten K. Friedrich's II. noch immer
für jene Ergebnisse Huillard's sprechen können, Ergebnisse, welche
doch an und für sich den grössten Bedenken Raum geben. Wenn
die Ämter wirklich in den einzelnen Familien vererbten, ist es dann
nicht doppelt unerklärlich, dass verschiedene Familien ein und dasselbe Amt bekleideten? Und wie ist wieder damit zu reimen, dass
es später unzweifelhaft nur vier, in einzelnen Familien vererbliche
Hofämter gab?

Sollte hier grössere Sicherheit gewonnen werden, so war es
vor Allem nothwendig, die Untersuchung über einen grösseren Zeit- .
raum auszudehnen; es musste das schon die Erwägung nahe legen,
dass das bereits mehrfach betonte Eintreten der schwäbischen Hofbeamten in den Dienst des Reiches unter K. Philipp leicht eine Ver-
schiebung dieser Verhältnisse hätte herbeiführen können. Ich
begnügte mich daher nicht mit einer nochmaligen genaueren Zusammenstellung der Erwähnungen von Hofbeamten in den von
Huillard (II.) gesammelten Urkunden; es wurden auch die Kaiserurkunden der früheren Zeit zugezogen und zwar vom Beginne des
zwölften Jahrhunderts ab. Weiter zurückzugreifen würde für die
nächsten Zwecke ohne Werth gewesen sein. Denn an die Aufstel-
lung einer einigermassen zusammenhängenden Reihe der Hofbeamten
ist nur da zu denken, wo dieselben häufiger in den Zeugenreihen
der Kaiserurkunden erscheinen; das aber ist erst unter den staufischen Herrschern der Fall; noch unter K. Heinrich V. und K. Lothar
sind die Erwähnungen, wie wir sehen werden, ganz vereinzelt; für
die früheren Jahrhunderte würden sich mit grosser Mühe doch nur
wenige zusammenhanglose Namen ergeben, welche ich, auch so
weit sie mir bekannt wurden, nicht berücksichtigte, weil ich es vor-
zog, von einem bestimmten Zeitpuncte ab die urkundliche Grundlage
mit wenigstens gleichmässiger Vollständigkeit auszubeuten. Und

schien hier die Dürftigkeit der Zeugnisse es nahe zu legen, nicht
über den Beginn des zwölften Jahrhunderts zurückzugreifen, so
mochte auch in anderer Richtung diese Grenze vollkommen genügen.
Die Darstellung selbst wird nämlich ergeben, dass zur Erklärung
wenigstens der späteren Verhältnisse ein weiteres Zurückgreifen,
auch wenn die Quellen es gestatteten, allem Anscheine nach kaum
etwas beitragen würde, dass insbesondere Vorrechte einzelner
Familien auf die Ämter, von einer Ausnahme vielleicht abgesehen,
sich frühestens unter K. Konrad III. begründet haben können.

Boten die Kaiserurkunden seit dem Beginne des zwölften Jahrhunderts die Hauptgrundlage für die folgende Zusammenstellung,
so wurden dieselben dafür in solcher Ausdehnung benützt, dass nach
ungefährer Schätzung nur etwa der zwanzigste Theil der veröffent-
lichten unberücksichtigt blieb. Damit dürfte immerhin eine ziemlich
sichere Grundlage für die Forschung gewonnen sein; es ist möglich,
dass die mir unbekannt gebliebenen Urkunden nur noch unwesent-
liche Ergänzungen bieten würden; andererseits ist freilich nicht zu
vergessen, dass zumal bei der Unsicherheit über die Familien,
welchen einzelne der früheren Hofbeamten angehören, hier oft auch
ein einzelnes urkundliches Vorkommen wegen Angabe eines Ge- .
schlechtsnamens oder einer verwandtschaftlichen Beziehung den
wichtigsten Haltpunct gewähren kann. Um eine Prüfung und Ergänzung meiner Angaben zu erleichtern, glaubte ich jedes mir bekannt
gewordene urkundliche Vorkommen erwähnen zu sollen; doch schien
dazu, so weit die Urkunden in Böhmer's älterem Regestenwerke (B.)
und in dessen Regesten K. Philipp's (Ph.) und K. Otto's (O.) ver-
zeichnet sind, die Anführung der Regestennummer zu genügen. Die
Geschichtschreiber dieser Zeit werden noch einige Ergänzungen
bieten; aber für die nächsten Zwecke schienen sie mir doch zu
wenig Haltpuncte zu bieten, als dass eine umfassendere Durchsicht
derselben einen die Mühe lohnenden Erfolg in Aussicht stellen
konnte; ich habe nur von einzelnen mir ohnehin bekannten Stellen
Gebrauch gemacht.

Kann ich nun hier eine auf Urkunden gestützte Reihenfolge der
Hofbeamten in solcher Vollständigkeit bieten, wie sie bisher auch
nur annähernd nicht vorhanden war, so schien es mir kaum thunlich,
darüber hinaus auch nur mit Rücksicht auf die zunächst hervorgehobenen Gesichtspuncte die Forschung so weit durchzuführen, als

das die vorhandenen Hilfsmittel überhaupt gestatten. Manche hier einschlagende Aufgaben, wie der Nachweis der in den Kaiserurkunden vorkommenden fürstlichen Hofbeamten, der Nachweis der Herkunft, der verwandtschaftlichen Beziehungen einzelner Personen, der Identität mancher unter verschiedenen Namen vorkommenden Personen und Geschlechter, und ähnliche gehen so in's Einzelnste, sind mit solchen Schwierigkeiten verknüpft, dass es selbst dem mit allen Einzelnheiten der betreffenden Provinzialgeschichte vertrauten Forscher kaum gelingen wird, zu zweifellosen Resultaten zu gelangen; es wird genügen, auf die trefflichste hier einschlagende Arbeit zu verweisen, auf die Erörterungen Stälin's über einzelne Amtsgeschlechter. Um so nöthiger war es, in dieser Richtung gewisse Schranken einzuhalten bei einer Arbeit, welche sich mit Geschlechtern aus den verschiedensten Theilen des Reiches zu beschäftigen hat. Andererseits wäre es auch verfehlt gewesen, sich durch die Furcht vor Missgriffen von jeder weitergehenden bezüglichen Erörterung abhalten zu lassen. Denn die gleichzeitige, wenn auch weniger genaue Beachtung eines Institutes für einen grösseren Zeitraum und für den ganzen Umfang des Reiches gibt doch auch wieder Haltpuncte für das Einzelnste, welche sich der auf ein einzelnes Geschlecht oder einen engeren örtlichen Kreis beschränkten Forschung entziehen. Und wollte ich überhaupt auf die Frage der Besetzung und Vererbung der Ämter eingehen, so war es nicht zu vermeiden, über manche Einzelfragen wenigstens eine vorläufige Ansicht auszusprechen. Was ich in dieser Richtung auf einige nächstliegende Hilfsmittel gestützt erörterte, wird allerdings der Berichtigung und Ergänzung durch die Einzelforschung gar sehr bedürfen; aber es mag vorläufig hinreichen für den Versuch einer von der Richtigkeit des Einzelnen weniger abhängenden Beantwortung der hervorgehobenen allgemeineren Fragen.

Über die Anordnung des Stoffes konnten sich Bedenken erheben. Nächstliegende Rücksichten wiesen allerdings auf eine gesonderte Behandlung der einzelnen Ämter hin. Diese Anordnung hat aber den Missstand, dass das für alle Gemeinsame nicht zum Ausdrucke gelangt; es ergibt sich leicht, dass die Regierungswechsel für die Beurtheilung der allgemeineren Verhältnisse wichtige Abschnitte bilden, dass für viele Fragen vorzugsweise die Momente der Gleichzeitigkeit in's Gewicht fallen, während zugleich mancher,

bei der Beachtung nur eines Amtes kaum zu erklärende Umstand,
erst bei dem Vergleiche mit verwandten Erscheinungen in einem
anderen Amte seine Lösung findet. Aber eine durchgreifende Anordnung nach Regierungen, wie ich sie versuchte, schien doch grössere
Missstände mit sich zu bringen und überdies die angedeuteten nicht
einmal genügend zu beseitigen. Es schien daher am zweckmässig-
sten, nur innerhalb der einzelnen Ämter die Regierungen aus einander zu halten, dann aber in einem Schlussabschnitte die allgemeinen
Bemerkungen und Ergebnisse unter Rückbeziehung auf die Einzeln-
erörterungen zusammenzustellen. Auf die erst hier im Zusammenhange zu besprechenden Fragen musste natürlich schon bei der
Einzelnerörterung vielfach Rücksicht genommen werden; ergibt sich
insbesondere überall ein gleichzeitiges Vorkommen mehrerer Personen in demselben Amte, während doch auch wieder der oberfläch-
lichsten Betrachtung sich eine Reihe Umstände darbieten, welche
darauf schliessen lassen, dass es nur je einen obersten Reichsbeamten
geben sollte, so war insbesondere alles hervorzuheben, was auf
Vorrang oder Unterordnung gleichzeitig vorkommender Beamten
hindeutet, es waren wenigstens versuchsweise sogleich Hauptbeamte
und Nebenbeamte aus einander zu halten. Darauf stützt sich auch die
gewählte Folge der Ämter, welche mit dem Marschallamte beginnt,
dem Kämmereramte schliesst, da bei jenem die Momente der Vererbung und einheitlichen Besetzung am meisten, bei diesem am
wenigsten hervortreten.

I. Reichsmarschälle.

1. Unter K. **Heinrich** V. wird 1116 ein Marschall **Konrad**
genannt (B. 2059); einen Marschall K. **Lothar's** weiss ich nicht
nachzuweisen.

2. Als Marschall K. **Konrad's** III. erscheint ausschliesslich
Heinrich v. **Pappenheim**; gewöhnlich nur als Marschall Heinrich bezeichnet (1138 — 50: Mon. Patr. Lib. jur. Gen. 1, 57. Jaffe
Conr. 214. 217. B. 2203. 32. 40. 84) finden wir ihn 1145 auch
mit dem Geschlechtsnamen (B. 2249).

3. Bei K. **Friedrich** I. wird 1154 **Heinrich** v. **Pappenheim** ohne Amtsbezeichnung erwähnt (B. 2334), 1156 als Marschall
(Mon. Boica 29, 324); da hier von einer verheiratheten Tochter
desselben die Rede ist, so wird er noch derselbe mit dem Marschall
K. **Konrad's** und von diesem unmittelbar auf K. **Friedrich** übergegangen sein, da in dessen ersten Jahren kein anderer Marschall genannt
wird. Die folgenden zahlreichen Erwähnungen eines Marschall Heinrich bis zum Jahre 1183 (Notizenbl. 1, 145. 150. B. 2459. 60. 62.
72. 80. 83. 90. 97. 525. 29. 45. 53. 62. 75. 646. 48. Muratori
ant. It. 6, 245. Mon. Germ. 4, 165) beziehen sich höchst wahrscheinlich sämmtlich auf einen Pappenheim, da in den Jahren 1165,
67, 70, 80, 82, 83 der Marschall Heinrich ausdrücklich mit diesem
Geschlechtsnamen genannt wird (B. 2501. 24. 38. 624. 26. 50. 51.
56. Mieris 1, 108. Verci Marca 1, 25) und 1164, 80 Heinrich von
Pappenheim ohne Amtsnamen (Lepsius Naumburg 255. B. 2620).

Allerdings findet sich in einer angeblich 1175 zu Rülzheim
ausgestellten Kaiserurkunde auch ein Marschall **Heinrich** v. **Germersheim** erwähnt (Acta Palat. 2, 75), welchem möglicher Weise
auch einige der Erwähnungen ohne Geschlechtsnamen zwischen
1170 und 1180 angehören könnten, da in dieser Zeit der Name
Pappenheim nicht nachzuweisen ist. Da aber jener Name in der
Reihe der Marschälle nicht wiederkehrt, so ist es kaum wahrscheinlich, dass er als Reichsmarschall fungirt hat.

Dass wir die von 1138 — 1183 fast ein halbes Jahrhundert
umfassenden Erwähnungen eines Marschall Heinrich v. Pappenheim
auf nur eine Person zu beziehen haben, ist kaum wahrscheinlich; es

dürfte sich um Vater und Sohn handeln; doch fehlen mir Anhalts-
puncte für bestimmtere Entscheidung.

4. Nachfolger des noch 1183 Mai 30, und in einer undatirten
jedenfalls nach 1183 Nov. ausgestellten Urkunde (Verci Marca 1,
25), zuletzt nachweisbaren Heinrich von Pappenheim ist Heinrich
v. Lautern, welcher sogleich bei der nächstfolgenden Erwähnung eines Marschall 1184 März 15 (Österr. Archiv 8, 328) und
weiter bis 1185 Nov. 28 durchweg mit dem Geschlechtsnamen de
Lutra (corrumpirt Lume, Luria, Lut) erscheint (Huillard 5, 193.
Biancolini chiese di Verona 5 a, 106. B. 2668. 69. 70. 78. 84. 96.
Verci Marca 1, 32); nur als Marschall Heinrich 1185 (B. 2681)
und noch 1186 März 5 (Notizenbl. 2. 370).

Ihm folgt 1188 und 1189 Eckbert v. Lautern. In Urkunden ausgestellt 1188 Sept. 1 und Nov. 22 (Niedersächs. U.B. 2,
27. Notizenbl. 2, 211) führt er nur den Amtsnamen, dazwischen
Sept. 29 nur den Geschlechtsnamen de Lutere (B. 2710); die Identität ist zweifellos, da er nochmals 1189 Febr. 15 als E. marsch. de
Lutra vorkommt (B. 2713).

5. Als untergeordnete Marschälle für die Zeit K. Friedrich's
dürften zu betrachten sein: Bertold 1168, wohl derselbe mit dem
1161 Bertolf genannten Marschall (B. 2451. Lacomblet 1, 297).
Wolfram v. Hagenau findet sich nur als Marschall bezeichnet
1169 zu Gelnhausen, 1179 zu Hagenau, dann 1187 ebenda als Marschall von Hagenau (B. 2533. 2613. Mone Zeitschr. 11, 14). Werner
v. Strassburg (marescalcus de Argentina oder Argentinensis), wohl
zunächst Marschall des Bischofs von Strassburg, in dessen Urkunden
er 1154. 83. 88. erscheint (Schöpflin A. D. 1, 243. Würdtwein N.
S. 10, 134. 149), muss doch auch mehrfach zur Dienstleistung am
königlichen Hofe verwandt sein. Wir finden ihn beim Kaiser zu
Strassburg 1181, zu Hagenau 1187 neben dem Marschall Wolfram,
1189 zu Ansbach und Hagenau (Schöpflin A. D. 1, 275. Mone
Zeitschr. 11, 14. B. 2713. 14); dann noch bei K. Heinrich. Marschall Rudolf v. Altenburg wird nur einmal 1172 zu Altenburg
in einer, wie sie vorliegt, gewiss verfälschten Urkunde genannt,
welche ihre Personennamen aber doch einer echten Vorlage entnommen haben dürfte (Schultes Direct. 2, 230).

6. Andere vereinzelte Erwähnungen werden lediglich auf
bischöfliche Marschälle zu beziehen sein. Wilhelm, 1157 zu Trier

(B. 2366), kommt in dieser Zeit häufig als Trierer Stiftsmarschall vor (vergl. Beyer U. B. 1, 759). H a r t w i g, 1180 zu Regensburg neben Heinrich v. Pappenheim genannt (B. 2626), dürfte Marschall von Regensburg sein, wenigstens findet sich 1174 ein Hartwig unter den Officialen des Bischofs (Ried C. D. 1, 246). Ebendort ein Konrad, vielleicht derselbe mit dem Marschall K o n r a d v. W a l t e n h o f e n in Kaiserurkunde 1182 zu Regensburg (B. 2652), da auch der Ortsname auf Regensburg weist (Ried C. D. 1, 275). Das würde zur Annahme einer Mehrzahl bischöflicher Marschälle führen, wie sie auch wirklich z. B. in Mainz im zwölften Jahrhundert durchwegs vorkommt. A n s e l m, 1182 in Urkunde zu Mainz für Speier ausgestellt (B. 2646), dürfte Marschall von Speier sein, wohin viele der Zeugen gehören; es lebt wohl damals ein Justingen dieses Namens, auf den man die Anführung bezog (vergl. Stälin 2, 595); aber es ist durchaus unwahrscheinlich, dass die Justingen als freie Herren vereinzelt als Marschälle vorkommen sollten (vergl. V §. 4). Der Marschall G e r u n g, neben dem gleichfalls sonst in diesen Ämtern beim Kaiser nicht erscheinenden Kämmerer Heinrich, Truchsess Konstantin, Schenk Dietrich, 1186 zu Gelnhausen in Urkunde für Bremen vorkommend (Lappenberg UB. 1, 241), ist mit den anderen um so sicherer als bremischer Stiftsbeamter zu betrachten, als wir denselben Namen, wenn auch ohne Amtsbezeichnung, 1181 in Urkunde für Bremen unter den ausdrücklich als Bremer Ministerialen bezeichneten Personen begegnen (B. 2641).

7. Als Marschall K. H e i n r i c h VI. erscheint zuerst 1185 Oct. 25 H e i n r i c h v. K a l e n t i n (Lacomblet 1, 348); er wird dann in den königlichen Urkunden der nächsten Zeit nur noch einmal 1189 Febr. 8 und zwar ohne Amtsnamen genannt (Lacombl. 1, 362).

Dagegen wird nun der Marschall H e i n r i c h T e s t a genannt; 1186 Sept. 1 — 1187 Nov. 9 in Italien (B. 2723. 31. Ughelli 1, 332. Rena e Camici 4 d, 100. Huillard 5, 353), 1189 Mai 7 zu Basel (B. 2736); 1191 Febr. 11 bis Juni in Italien (B. 2749. 50. 52. 53. 57. 58. 62. 63. 68. Dünge Reg. 149. Mon. Patr. Lib. jur. Gen. 1, 374). Dann verschwindet der Name und seit 1191 Decemb. 8 zu Mailand (B. 2774) wird als Marschall wieder Heinrich v. Kalentin genannt.

Beide Namen dürften dieselbe Person bezeichnen. Dagegen scheint zu sprechen, dass H. v. Kalentin gerade das einzige Mal, wo er während der Amtsführung des Testa erscheint, nicht den Amtstitel führt; doch kann das zufällig sein, da die Beispiele nicht selten sind, dass oberste Reichsbeamte ohne Amtstitel in den Urkunden vorkommen. Bedenklicher scheint, dass H. v. Kalentin den Kreuzzug des Kaisers mitmachte; er wird als Eroberer der Burg Skribention 1189 October erwähnt (Ansbert. ed. Dobr. 47. Expeditio Frid. ap. Canis. lect. ant. ed. Basnage 3 b, 510). Lässt nun auch das Vorkommen des Testa beim Könige hier eine genügende Lücke, so wissen wir doch, dass er 1190 vom Könige nach Italien und Apulien geschickt wurde (Rich. de S. Germano ap. Mur. 7, 971) und 1190 März 20 urkundet er zu Borgo S. Genesio als Henrigus Testa marischalcus domini regis Henrigi et pro eodem legatus totius Tuscie (Lami Mon. 1, 343). Entscheiden kann aber auch das nicht gegen die Identität, da meines Wissens kein bestimmtes Zeugniss vorliegt, dass H. von Kalentin dem Kaiser auch nach Asien folgte.

Für die Identität spricht: 1. dass H. v. Kalentin auf dem Kreuzzuge, also während der Amtsführung des H. Testa, von den genannten Quellen als Marschallus imperatoris und Imperialis curiae marschalcus bezeichnet wird; 2. dass ein Vorrecht der Pappenheim (Kalentin) auf das Marschallamt sich am Frühesten fest begründet zu haben scheint; 3. dass die beiden Namen nie in ein' und derselben Urkunde vorkommen; 4. dass es fast unerklärlich wäre, wenn ein so eifriger Anhänger K. Heinrich's, wie H. v. Kalentin, während einer Zeit von sechs Jahren nur einmal in seinen Urkunden aufträte; 5. dass das erste Wiederauftreten des H. v. Kalentin zu Mailand noch nach Italien fällt, aber an das Ende des Römerzuges; machte er diesen überhaupt nicht mit, so wäre es ganz ungewöhnlich, dass er dem heimkehrenden Kaiser so weit entgegen gezogen sein sollte. Der Annahme, H. Testa habe die Stelle des H. v. Kalentin eingenommen, sei etwa vor Neapel gestorben, und nun dieser wieder in seine frühere Stellung eingetreten, dürften demnach die gewichtigsten Bedenken entgegenstehen; nach Massgabe der mir bekannt gewordenen Zeugnisse werden wir beide für ein und dieselbe Person halten müssen.

Als Marschall v. Kalentin erscheint dann Heinrich beim Kaiser 1191 Dec. 8, 1192 Febr. 19 (B. 2774. 77), 1192 Dec. 1 bis 1193 März 29 (B. 2791. 92. 94. 95. Notizenbl. 2, 182), 1193 Juli 2 bis 1194 Jän. 28 (Gallia chr. 1, 79. Mon. Boic. 31, 450. Ughelli 1, 495.

Wirtemb. U. B. 2, 301); 1195 Jän. 2 bis 1196 Mai 20 (Margarin
2, 227. B. 2832. 35. 41. 45. 49. 51. 59. 60. 61. 62. Notizenbl.
2, 371. Muratori Ant. It. 1, 393. Lappenberg U. B. 1, 270. Wirtemb.
U. B. 2, 312. 317).

In Urkunde 1196 Juli 28 zu Turin heisst der Marschall Heinrich v. Pappenheim (Bibl. Floriac. 3, 89), in einer zweiten nur
Heinrich (Huillard 2, 561), dann Aug. 9 zu Mailand (Mon. Patr. Ch.
1, 1031) Heinrich de Rabemint, was Corruption für Pappenheim
sein dürfte. Die auch sonst angenommene und begründete (vergl·
Abel K. Philipp 328) Identität des H. v. Pappenheim und H. v. Kalentin wird keinem Zweifel unterliegen. Auf demselben Zuge heisst
denn auch 1196 Nov. 1 bis 1197 Aug. 3 der Marschall wieder H.
v. Kalentin (B. 2893. La Farina Studj. 4, 306. Lünig R. A. 22,
814); ebenso unter den folgenden Regierungen, während vereinzelt
um 1206 zweimal der Marschall H. v. Pappenheim vorkommt (Mon.
Germ. 4, 208. Wirtemb. U. B. 2, 355). Der Namenswechsel wird
wohl nur darauf hindeuten, dass wir in H. v. Kalentin nicht den bis
1183 bei K. Friedrich vorkommenden H. v. Pappenheim, sondern
einen Sohn desselben zu sehen haben; denn an und für sich liesse
sich das Ausscheiden des Pappenheim aus der Hofhaltung des Kaisers
dadurch erklären, dass er der des jungen Königs zugewiesen wurde.
Die Annahme, dass Heinrich die Burg Kalden, einem jüngern Bruder
Rudolf die Burg Pappenheim zufiel und dadurch der Namenswechsel
veranlasst wurde (Abel K. Philipp 328), stützt sich darauf, dass in
Urkunde des Reichsmarschalles H. v. Kalentin 1214 als Zeugen, und
zwar dem Marschall Hildebrand nachgesetzt erscheinen: Heinricus
et Rudolfus frater eius de Bapinheim; und dass um 1217 Rudolf
dem Kloster Kaisersheim eine Schenkung seines Bruders des quondam Heinricus miles de Kalntin bestätigt. (Reg. Boica 2, 62. 86). In
diesem Heinrich haben wir keinesfalls den Reichsmarschall selbst,
sondern einen ritterlichen Dienstmann desselben zu sehen, zumal
1223 Rudolfus de Kalntin als Ministerial des Grafen von Lechs-
gemünd erscheint (Reg. Boica 2, 136).

8. Wo sich Lücken in dem Vorkommen Heinrich's beim Kaiser
finden, werden andere Marschälle genannt. Von diesen kommen
zwei so oft vor, dass ihnen anscheinend ein Vorrecht zustand, den
abwesenden Reichsmarschall zu ersetzen. Sifrid v. Hagenau,
aus einer Marschallsfamilie, deren Mitglieder in der Regel nur zu

Hagenau selbst beim Kaiser vorkommen, ist bei diesem 1192 Juli 27 zu Gelnhausen, 1193 Apr. 28 zu Boppard, Mai 18 zu Wirzburg, 1194 Apr. zu Aachen, Mai 9 zu Trifels (B. 2784. 99. 801. 2. 22. Lacomblet 1, 379. 4, 772. Quix Aachen 1, 39); dann 1196 Juli 6 zu Bisanz (B. 2880), und nochmals in einer 1197 Aug. 3 in Sicilien für Heinrich v. Kalentin ausgestellten Urkunde (Lünig R. A. 22, 814), der einzigen, in welcher neben diesem während der ganzen Regierungszeit K. Heinrich's andere Marschälle als solche genannt werden; auch ohne Amtsnamen kommen sie nicht neben ihm vor, während wir doch hier sehen, dass Sifrid den ganzen italienischen Zug mitmachte, und daraus schliessen dürfen, dass in Anwesenheit des eigentlichen Reichsbeamten die anderen zurücktreten; in der erwähnten Urkunde ist die Aufführung einer besonders grossen Zahl von Reichsbeamten und Reichsdienstmannen überhaupt durch den Inhalt bedingt.

9. Um so auffallender ist das ganz abweichende Verhältniss im Vorkommen der stellvertretenden Marschälle. Der Marschall Eberhard v. Anebos findet sich nämlich neben dem gleichfalls als Marschall bezeichneten Sifrid 1193 Mai, dann 1194 Apr. 19 zu Aachen, Mai 9 zu Trifels (B. 2801. 22. Lacombl. 4, 772); 1194 Apr. 18 zu Aachen in zwei Urkunden vor Sifrid, der hier den Amtstitel nicht führt (Lacombl. 1, 379. Quix 1, 39); ausserdem allein ohne Amtstitel 1194 Febr., mit demselben im März und zuletzt Mai 26 zu Chiavenna (B. 2819. 20. Mon. Boic. 29, 481. Mon. Patr. Ch. 2, 1161). Dieses auffallende Vorkommen dürfte auf einen von beiden erhobenen und bei beiden berücksichtigten Anspruch hindeuten. Eberhard, nach der Reichsburg Anebos bei Trifels genannt, kommt später nicht mehr vor; die Familie soll unter Friedrich II. ausgestorben sein (Acta Palat. 7, 424); eine Elise von Anebos lebt noch um 1250 (Remling U. B. 1, 246. 247). Unter den Hofbeamten erscheint der Name nicht mehr. Neben Eberhard wird sein Bruder Heinrich genannt (B. 2819. M. Patr. Ch. 2, 1161), nach 1204 als Heinrich v. Anebos vorkommend (Remling U. B. 1, 141). Die Namen Eberhard und Heinrich, wie das Amt, dürften auf Zusammenhang mit der Familie der Marschälle von Lautern hinweisen.

10. Ausser jenen werden noch einige Marschälle bei K. Heinrich erwähnt. Wolfram v. Hagenau, 1193 Apr. zu Speier (B. 2797), dürfte der 1192 als Sifrid's Bruder bezeichnete Wolfram (B. 2784) sein, und der früher (vgl. §. 5) erwähnte Wolfram beider

Vater. Ein Marschall Hildebrand, 1194 Juni 3 zu Piacenza (B. 2825),
wird wohl den Rechberg zugezählt (Stälin 2,608); ich zweifle nicht,
dass es Hildebrand v. Schlegelthal (Schleithal? speierisch
vgl. Remling U. B. 1, 647. 2, 19. 57) ist, welcher nicht allein sonst
mehrfach beim Kaiser erscheint (Mon. Boic. 31, 450. 29, 481. Lacombl. 4, 772. B. 2819. 67), sondern auch eben auf diesem Zuge
1194 Mai 26 zu Chiavenna (Mon. Patr. Ch. 2, 1161) und Juli 1 zu
Pisa (Notizenbl. 1, 180). Auffallen muss es, dass in der letzteren
Urkunde neben ihm ein anderer als Marschall genannt wird, Rem-
baldo de Voburen. Wir finden diesen noch einmal 1197 Aug. 3
in der in Sicilien für den Reichsmarschall H. v. Kalentin ausgestellten Urkunde (Lünig R. A. 22, 814), wo es unter den Zeugen heisst:
Rombodo marescalcus. Heuricus pincerna. Henricus, marescalcus
Huebor. Sigefr. marsc. de Hugenone; später erscheint noch ein
Henricus de Vogburg. Weder die Namen Rembald und Voburen,
noch ähnlich klingende finde ich unter den Reichsdienstmannen dieser
Zeit. Die Markgrafen von Vohburg haben gleichnamige Ministerialen,
bei welchen früher der Name Reginbot nachzuweisen ist (Mon. Boic.
14, 408. 416); es wäre möglich, dass etwa durch K. Friedrich's I.
erste Gemahlinn eine Linie an das Reich gekommen wäre. Eben so
wenig weiss ich den Marschall Heinrich Huebor näher nachzuweisen; die Namen mögen stark corrumpirt sein; vielleicht ist es
derselbe Geschlechtsname; annähernd ähnlich klingend finde ich
sonst nur 1196 hinter Reichsministerialen einen Beringer v. Horem-
burg mit seinem Bruder Heinrich (B. 2867). Der schon erwähnte
(vgl. §. 5) Marschall Werner v. Strassburg erscheint bei K.
Heinrich 1185 zu Basel (B. 2720) und nur als Marschall Werner
bezeichnet 1196 zu Ebenheim (B. 2878). Der zu Basel neben ihm
genannte Thuring erscheint sonst als Marschall des Bischofs von
Basel (Trouillat Mon. 1, 407).

11. Unter K. Philipp bleibt Heinrich v. Kalentin Reichsmarschall; er muss sich dem Könige sogleich nach seiner Rückkehr
angeschlossen haben und erscheint in seinen Urkunden zuerst 1199
Juli 10, dann Sept. 29 (Ph. 15. 17), 1200 (24. 26. 27. 31. 32b. 33),
1205 (53. 54. 56. 60. 61. 63. 66), 1206 (78. 80), 1207 (89. 105.
106. 108. 110). Er vermittelte 1206 eine Zusammenkunft der beiden Gegenkönige (Ann. Colon. max. Mon. Germ. 17, 821) und wurde
später bekanntlich Rächer seines königlichen Herrn.

12. Mit Heinrich zusammen und ihm nachgestellt erscheint zweimal 1199 und 1200 Marschall Ul rich v. Rechberg (Ph. 17. 27). Sein Amtstitel bezieht sich unzweifelhaft zunächst auf das Herzogthum Schwaben, da er auch 1194 bei Herzog Konrad, 1197 bei Herzog Philipp als Marschall erscheint (Mon. Boic. 6, 503. Wirtemb. U. B. 2, 321). Sein Sohn Hildebrand v. Rechberg ist 1200 zu Ulm (Ph. 34) und 1207 zu Augsburg neben Heinrich und diesem nachgestellt (Ph. 110 vgl. Mone, Zeitschr. 11, 21) als Marschall beim Könige. Schon dieses seltene Vorkommen erweist, dass bezüglich der Rechberg nicht, wie das bei anderen schwäbischen Hofbeamten der Fall war, versucht wurde, sie in die Stelle des Reichsmarschalls eintreten zu lassen oder auch nur vorzugsweise zur Dienstleistung heranzuziehen.

13. Von anderen bei K. Philipp genannten Marschällen finden wir Sifrid v. Hagenau (vgl. §. 8) 1205, 1206 zu Hagenau, 1207 zu Strassburg (Ph. 60. 86. 95.); er scheint also nur noch in der Nähe seines Wohnortes zur Dienstleistung herangezogen worden zu sein. Der 1205 neben Heinrich genannte Marschall Rudolf v. Justingen (Ph. 56) ist zu beseitigen, da die Urkunde, insbesondere in ihren Zeugen, unecht und auch sonst ein Rudolf dieses Namens nicht nachzuweisen ist. Marschall Heinrich v. Nambach, 1199 zu Strassburg in Urkunde für Baiern hinter H. v. Kalentin mit einem gleichfalls nicht zu den Reichsbeamten gehörenden Truchsess Eckilbert genannt (Ph. 15), wird ein fürstlicher, wahrscheinlich baierischer Hofbeamter sein; den wahrscheinlich corrumpirten Geschlechtsnamen weiss ich sonst nicht nachzuweisen. Heinrich v. Lure, 1206 zu Wirzburg (Ph. 79) ist,Wirzburger Stiftsmarschall (vgl. Reg. Boica 2, 41. 59. 99. 121. 133. 173). Marschall Heinrich v. Eversberg und neben ihm Truchsess Günther v. Schlotheim, 1207 beim Könige zu Nordhausen (Ph. 102), sind Beamte des Landgrafen von Thüringen (vgl. Schultes Direct. 2, 669. 695).

14. Bei K. Otto finden wir bei Lebzeiten Philipp's keinen Marschall aus den Reichsministerialen. Der Kölner Stiftsmarschall Hermann v. Alfter ist 1198 zu Aachen, 1201 zu Weissenburg beim Könige (O. 4. 13); aber mit ihm auch der Erzbischof und andere Kölner Dienstmannen, so dass er kaum in näherer Beziehung zum Hofe des Königs stand. Zu den braunschweigischen Ministerialen gehört der 1202, 1203 genannte Marschall Friedrich (O. 17. 22),

auch ohne Amtsnamen als Friedrich v. Volkmerode vorkommend (O. 10. 18); die Identität beider ergibt sich daraus, dass in zwei gleichzeitig ausgestellten Urkunden (O. 17. 18) in den sonst übereinstimmenden Zeugenreihen beide an derselben Stelle erscheinen, auch noch 1215, 1216 ein Marschall Fr. v. Volkmerode erwähnt wird (O. 184, 186), aber anscheinend nicht mehr in Dienstleistung bei K. Otto stehend.

15. Seit K. Otto's allgemeiner Anerkennung finden wir den Reichsmarschall Heinrich v. Kalentin, jetzt häufig Marescalcus imperii oder imperialis aule genannt, fast ununterbrochen an seinem Hoflager; 1208 Nov. 20 bis 1209 Juni in Deutschland (O. 34 bis 36, 39. 40. 45. 46. 51. 60. 65. 66. 69); dann in Italien 1209 Aug. bis 1210 März (O. 71. 72. 74. 76. 80. 81. 84. 85. 87—90. 96—100. 102. 3. 6. 15. Notizenbl. 1, 178) und nach einer Unterbrechung 1210 Oct. bis 1211 Juni (O. 147—49). Nach des Kaisers Rückkehr nach Deutschland ist er noch bei ihm 1212 Mai und Sept. (O. 172. 177). Ohne Amtsnamen steht an der Spitze der Ministerialen 1215 zu Nordhausen Heinrich Kalentin (O. 185); es könnte der Reichsmarschall sein, welcher in dieser Zeit bei K. Friedrich nicht vorkömmt, oder aber auch sein gleichnamiger Dienstmann (vergl. §. 7).

16. Neben Heinrich wird bei K. Otto nur noch 1210 Aug. 21 in ungedruckter Urkunde ein Marschall Willekin genannt (Böhmer Reg. S. XX), wohl identisch mit dem 1212 vorkommenden Marschall Witelin (O. 171), wahrscheinlich Marschall seines Bruders, des Pfalzgrafen Heinrich, bei welchem wir als solchen 1204 einen Willekin finden (Orig. Guelf. 3, 630). Nachdem sich Heinrich zurückgezogen, finden wir noch 1216, 1217 einen Marschall Wilhelm (O. 186. 190), wohl zur braunschweigischen Dienstmannschaft gehörend.

17. Bei K. Friedrich II. erscheint zuerst Anselm v. Justingen 1212 Oct. 5 als Curie nostre marescalcus, im Dec. als Marschall (Huillard. 1, 222. 233). Sein Geschlecht ist früher im Marschallamte nicht nachzuweisen (vergl. §. 6. 13), wie es überhaupt kein dienstmännisches war (vergl. V §. 4). Da er zum Könige als Bote der deutschen Fürsten nach Sicilien gegangen war, so wird ihm dieser zur Belohnung das Reichsmarschallamt übertragen haben; Heinrich v. Kalentin war in dieser Zeit noch bei K. Otto.

Zuerst 1213 Jän. 2 erscheint nun aber Heinrich v. Kalentin als Reichsmarschall beim Könige und dann häufig bis zum October (H. 1, 239—281). Neben ihm zweimal auch Anselm, aber ohne Amtstitel (H. 1, 251. 276). Es ist kein Zweifel, dass er den altbegründeten Ansprüchen Heinrich's weichen musste. Dieser erscheint nun zwar zunächst nicht mehr in der Umgebung des Königs; aber auch der mehrfach genannte Anselm führt den Marschalltitel nicht (H. 1, 287. 321—39. 363. 370).

Um so auffallender ist es, dass Anselm 1215 April 23 wieder Marscalcus imperii heisst und von da ab in Deutschland und Italien bis 1222 Juli fast ununterbrochen beim Kaiser als Marschall erscheint und zwar überaus häufig als Marescalcus imperii oder imperialis aulae bezeichnet (H. 1, 373—876. 920. 927. 2, 13—264. 914). Eine bestimmtere Veranlassung wird kaum zu bezweifeln sein. Am nächsten möchte die Annahme liegen, Heinrich v. Kalentin sei damals gestorben; 1214 urkundet er noch als Imperialis aulae mareschalcus (Reg. Boic. 2, 62). Dass er jedenfalls vor 1217 gestorben sei (vergl. Abel, K. Philipp 329), ergibt sich aus den angeführten Belegen nicht (vergl. §. 7) und eine Entscheidung ist um so schwerer, da auch sein Nachfolger Heinrich heisst. Möglich wäre auch ein Zerfall Heinrich's mit dem Kaiser, da sein langes, vielleicht auch durch hohes Alter zu erklärendes Nichterscheinen am Hofe auffällt, wobei denn auch das Vorkommen eines Heinrich Kalentin 1215 bei Otto zu beachten wäre (vergl. §. 15).

Ihre Ansprüche auf das Reichsmarschallamt scheinen aber die Pappenheim Anselm gegenüber nie aufgegeben zu haben. Aber während achtzehn Jahren erscheinen sie nur einmal am Hofe; und da wenigstens scheint Anselm ihnen gewichen zu sein. Denn auffallender Weise führt gerade 1218 April in einer allerdings nicht ganz unverdächtigen Urkunde neben einem Marscalcus noster de Pappenheim Anselm den ganz ungewöhnlichen Titel Consiliarius curie nostre (H. 1, 542); nochmals erscheint dann Heinrich v. Kalentin im Juli als Marscalcus imperii beim Kaiser (H. 1, 552). Anselm ist in diesen Monaten nicht nachzuweisen, heisst aber bei seinem Wiederauftreten im September sogleich wieder Reichsmarschall (H. 1, 559). Das Wiederauftreten des Namens Pappenheim (vergl. §. 7) würde bestimmter auf einen jüngern Heinrich schliessen lassen, fänden wir im zweiten Falle nicht wieder den Namen Kalentin.

2*

Anselm, zuletzt 1222 Juli beim Kaiser in Italien, erscheint dann
1223 Mai bis 1224 Dec. mehrfach in Deutschland am Hofe K. Heinrich's, gewöhnlich nur als Marschall von Justingen bezeichnet (H. 2,
758. 80. 82. 86. 802. 816), auch ohne Amtstitel (H. 2, 777), nur
einmal als Imperialis aule senescalcus (I. mar.) bezeichnet (H. 2,
798). Dann verschwindet er eine Zeit lang aus den Urkunden des
Königs und Kaisers und muss das Marschallamt verloren haben.
Denn 1228 Febr. finden wir ihn beim K. Heinrich ohne Amtstitel
(H. 3, 367), dann im Juni zu Brindisi beim Kaiser ausdrücklich als
quondam marescalcus bezeichnet (II. 3, 68). Heisst er 1229 März
in einer in der Mark Ancona ausgestellten Urkunde Reinald's von
Spoleto Marschall, so ist das wohl nur ein Nachwirken der früheren
Stellung (H. 3, 115). In den Jahren 1230, 32, 34, 35 wird er
mehrfach in den Urkunden K. Heinrich's genannt, aber ohne Amts-
titel (H. 3, 419. 34. 586. 87. 4, 722); nur da der König ihn 1234
Nov. als Unterhändler an die Lombarden schickte, heisst er noch-
mals vereinzelt Imperialis aule marschalcus (H. 4, 695. 704).
Nach dem Sturze K. Heinrich's finden wir ihn häufig am Hofe des
Herzogs von Österreich (vergl. Meiller, Babenb. Reg. 333); den
Marschalltitel scheint er nie mehr geführt zu haben. Der 1236 beim
Kaiser erscheinende Anselm v. Justingen (H. 4, 818) dürfte der
Sohn sein, welchen wir nochmals 1242 zu Capua als Anselmus
junior de Justingen beim Kaiser finden (H. 6, 47. 49).

18. Seit Anselm das Amt verlor, werden die Ansprüche Heinrich's v. Pappenheim auf dasselbe von keiner Seite mehr bean-
standet sein; denn obwohl er noch durch mehrere Jahre nicht am
Hofe erschien, wurde doch kein anderer Reichsmarschall ernannt.
Zuerst 1231 Apr. 29, dann mehrfach bis zuletzt 1234 Aug. 30
kommt er in den Urkunden K. Heinrich's vor (H. 3, 453. 4, 568.
90. 634. 68. 70. 79). In dem Streite zwischen König und Kaiser
muss er sich entschieden auf Seite des Letzteren gestellt haben;
denn schon 1235 Mai finden wir ihn bei dem heranziehenden Kaiser
zu Neumarkt in Steiermark (H. 4, 548), und er nahm Antheil an der
Bekämpfung der Anhänger des Königs (H. 4, 734). In den folgenden Jahren 1236, 1237 erscheint er dann mehrfach beim Kaiser,
folgt ihm auch nach Italien, wo wir ihn zuletzt im August 1238 vor
Brescia bei ihm finden (H. 4, 818. 23. 63. 93. 99. 5, 16. 24. 72.
100. 2. 19. 50. 220).

19. Der Marschall des Herzogthums Schwaben, Hildebrand
v. Rechberg, tritt viel weniger hervor, als die anderen schwäbischen Hofbeamten. Wir finden ihn 1214, 15, 16 vereinzelt bei
K. Friedrich (II. 1, 314. 364. 492), dann einigemal 1225 (II. 2,
829. 46. 48) und zuletzt 1226 Apr. 9 (Stälin 2, 609) bei K. Heinrich; der Titel eines Reichsmarschalls kommt bei den Rechberg
niemals vor. Seitdem erscheint weder ein Rechberg am Hofe, noch
führen die sonst vorkommenden Mitglieder des Geschlechts den
Marschalltitel (vergl. Stälin 2, 609); dass sie ihr Marschallamt verloren oder dasselbe in Vergessenheit gerieth, dürfte daraus zu vermuthen sein, dass 1263 Heinrich v. Pappenheim sich Imperialis
aulae ac ducatus Sueviae marischalcus nennt (Reg. Boic. 3, 211).
20. Den schon früher erwähnten Marschall Sifrid v. Hagenau
(§. 6. 13) finden wir 1214 15. 19. zu Hagenau (H. 1, 342. 392.
668), aber auch 1215 zu Aachen, 1217 zu Altenburg, 1219 zu
Eger (H. 1, 401. 525. 705) bei K. Friedrich. Neben ihm wird
1214 Friedrich Marschall genannt, während 1215 in Urkunde des
Abtes von Neuburg unter den Hagenauer Ortsbeamten nur Sifrid als
Marschall, Friedrich als sein Bruder bezeichnet ist (Schöpflin, Als.
dipl. 1, 331); vereinzelt finden sich noch 1228 die Marschälle
Friedrich und Engelhard v. Hagenau (H. 3, 371); auch in
Urkunde des Grafen v. Werd wird Friedrich noch später als Mar-
schall v. Hagenau bezeichnet (Schöpflin Als. d. 1, 411). Mit den
Marschällen von Hagenau dürfte zusammenhängen der Marschall
Bertold v. Rasche oder Raisse, welcher nur 1230 und 1235 zu
Hagenau (H. 3, 432. 4, 722), vielleicht auch 1232 zu Cividale
(H. 4, 568) bei K. Heinrich erwähnt wird. Ohne Amtstitel findet
sich schon 1154 ein Bertold Rasche unter den Reichsministerialen
(B. 2334). Hermann Gnufting ist als Marschall bei K. Fried-
rich 1215 zu Ulm, 1221 zu Tarent (H. 1, 387. 2, 162); Marschall
Hermann ohne Geschlechtsnamen 1216 (H. 1, 448). Unter den Zeugen
einer Frankfurter Privaturkunde 1222 ist Herm. Cauftinc imperialis
aulae marscalcus (Böhmer, Cod. dipl. 34). In den Weissenauer
Traditionen wird um 1246 Hermann Gnufting genannt, gleichzeitig
Hermann v. Raderach (Stälin 2, 584. 446), beide wohl dieselbe
Person; denn 1232 wird Gnifting de Raderay erwähnt (H. 4, 590),
1255 Werner Ritter de Raderay dictus Cniftiner (Schweiz. Reg.
2 c, 11). Die Raderach scheinen ursprünglich welfische Dienst-

mannen gewesen zu sein (Wirtemb. U. B. 2, 139). Identisch mit
Hermann Gnufting dürfte vielleicht auch Hermann v. Ummen-
dorf sein, welcher in Weissenauer Traditionen 1221 Marscalcus
domini regis Friderici, weiter regis submarscalcus heisst (Stälin
2, 659), beim Könige aber urkundlich unter diesem Namen nicht
vorkommt, während er früher gleichfalls bei welfischen Dienstmannen nachzuweisen ist (Mon. Boic. 22, 186). Dass Mitglieder dieser
Familien schon bei Herzog Welf Marschälle gewesen seien, ist nicht
zu erweisen; 1185 ist bei ihm ein Heinrich von Tungau, welcher
1187 Marschalcus domini Welfonis heisst (Wirtemb. U. B. 2, 237.
250). Heinrich de Aeys wird nur einmal 1236 als imperialis aulae
marescallus und kaiserlicher Gesandter in England erwähnt (II. 4,
809). Da in dieser Zeit nur Heinrich v. Pappenheim diesen Titel führt
und häufig beim Kaiser erscheint, dürfte doch trotz des ganz abweichenden Namens vielleicht an ihn zu denken sein; die Reichsministerialen de Aquis, von Aachen finden wir als Kämmerer, nie als Marschälle.

21. Die übrigen vereinzelt vorkommenden Marschälle sind als
bischöfliche Marschälle zu erweisen. Wichmann, 1215 zu Halle
(H. 1, 362), Marschall von Halberstadt (Schultes Direct. 2, 536.
551); Konrad v. Wisent, 1215 zu Nürnberg (H. 1, 432), wahrscheinlich von Regensburg, da der Name unter der Stiftsmannschaft
erscheint (vgl. Ried Cod. dipl. Index); Heinrich v. Lure, 1224, 25
(H. 2, 815. 848), von Wirzburg (vergl. §. 13); Egenolf, 1236
zu Strassburg (II. 4, 818), von Strassburg (Schöpflin, A. D. 1, 383).

22. Beim Kaiser in Italien finden wir seit dem Abgange
Anselm's v. Justingen 1222 — 1235 keinen deutschen Marschall,
dagegen 1225 März bis 1231 Juli mehrfach den Marschall Richard
Filangieri oder de Principatu (II. 2, 475. 639. 64. 700. 3, 120,
52. 285. 95), einigemal auch als imperialis aulae marescalcus
bezeichnet (II. 2, 552. 682. 3, 297); zunächst war er unzweifelhaft Marschall des Königreiches Sicilien. Dasselbe gilt von seinem
1232 vereinzelt Marschall genannten Bruder Jordan Filangieri
(II. 4, 312), und dem 1243 als Marscalcus regni erwähnten
Tebaldo Francesco (H. 6, 88), später ohne Amtstitel vorkommend (II. 6, 197. 227. 229). Ein untergeordnetes sicilisches Amt
war das des Magister imperialis maristallae, aus welchem Peter
v. Calabrien zum Marschall des Königreiches erhoben wurde
(vgl. Huillard Intr. 152); 1248 führt er den Marschalltitel (II. 6, 672).

23. In den Urkunden K. Konrad's IV. wird nie ein Reichsmarschall genannt; denn die 1246 vorkommenden Marschall Gottfrid und Schenk Christian (H. 6, 882) sind Hofbeamte des Grafen v. Jülich (Lacomblet 2, 116. 117. 152). Es erklärt sich das daraus, dass der Marschall Heinrich v. Pappenheim 1245 als Bündner des Herzogs v. Meran gegen die Staufer und Baiern stand; seine Gefangennahme durch die Baiern 1246 mag der nächste Grund gewesen sein, dass er sich auch nicht den Gegenkönigen anschloss (vergl. Ann. Scheftlar. M. G. 17, 342). Wir müssen vielmehr annehmen, dass er diesen wenigstens später gegenüberstand. Treffen wir bei K. Heinrich Raspe 1246 als Marschall Burchard v. Querfurt (Mon. Boica 30, 297), so mag dieser in Ermangelung eines Reichsmarschalls fungiren. Bei K. Wilhelm aber finden wir 1249 als Marschall Anselm v. Justingen (Mon. Germ. 4, 365. Reg. Wilh. n. 62), wohl der Jüngere dieses Namens (§. 16); dieses Wiederauftreten der früheren Rivalen der Pappenheim muss doch darauf hindeuten, dass diese auf der Gegenseite standen. Wir finden denn auch bei Konradin 1262 Heinrich v. Pappenheim als Marschalcus imperialis aule (Mon. Boica 31, 591), wie sich nähere Beziehungen zu demselben auch daraus ergeben, dass sich Heinrich 1263 Marschalcus imperialis aule ac ducatus Suevie nennt (Reg. Boica 3, 211). Bei K. Richard wird kein Marschall erwähnt; der Justingen mag gestorben sein. Das ausschliessliche Recht der Pappenheim auf das Reichsmarschallamt scheint denn auch von da ab nie mehr in Frage gekommen zu sein.

II. Reichstruchsesse.

1. Bei den K. Heinrich IV., Heinrich V., Lothar finden wir je einmal 1104, 1122, 1128 den Truchsess Volkmar genannt, (M. B. 29, 327. B. 2072. 2103); ohne Amtstitel steht ein Volkmar 1101, 1123 an der Spitze der Reichsministerialen (B. 1964, 2080). Der Name kehrt bei späteren Truchsessfamilien nicht wieder, so dass er uns keinen Schluss auf das Geschlecht erlaubt.

2. Auch unter K. Konrad III. finden wir zunächst noch einmal 1141 den Truchsess Volkmar (Jaffe Konr. 214). Dann ist Truchsess Arnold v. Rotenburg; ohne Amtstitel kommt er seit 1144 mehrfach beim Könige vor (B. 2233. 45. 62. Mon. Boic. 29,

297. 302. 305); ohne Geschlechtsnamen 1144, 50 Truchsess
Arnold (B. 2223. 88); die Identität unterliegt keinem Zweifel, da
wir ihn zweimal 1145, 50 mit Geschlechtsnamen und Amtstitel finden (B. 2249. 84). Vereinzelt erscheint 1150 Febr. 8 zu Speier
(Jaffe Konr. 217), wo in demselben Monate auch Arnold als Truchsess vorkommt, Truchsess Walter (v. Rotenburg) ohne
Geschlechtsnamen; da der Personenname bei den Rotenburgern
nachzuweisen ist, indem 1166 und 1172 in mehreren Urkunden
Arnold Vogt von Rotenburg mit seinen Söhnen Arnold, Walter und
Konrad erwähnt wird (Wirtemb. U. B. 2, 152. B. 2550. 52), so
möchte ich ihn für einen Bruder Arnold's halten.

3. Die genauere Bestimmung der Reihe der Truchsesse
K. Friedrich's I. wird dadurch erschwert, dass als solcher sehr
häufig ein Walter genannt wird, aber nie mit Geschlechtsnamen.
Beziehen wir diese Erwähnungen auf Rotenburger und unterscheiden nach Massgabe einer Lücke von zehn Jahren einen älteren,
wahrscheinlich Bruder Arnold's, und einen jüngeren Walter, Sohn
Arnold's (vergl. §. 2), so ergibt sich folgende Reihe:

Walter (v. Rotenburg) der Ältere, schon 1152 Mai genannt
(Wirtemb. U. B. 2, 61), so dass Arnold gleich seit dem Regierungs-
antritte Friedrich's das Amt nicht mehr versehen zu haben scheint.
Es wird das daraus zu erklären sein, dass die Rotenburger, wie die
Pappenheim und Weinsberg (V §. 3. IV §. 2), nach K. Konrad's
Tode zunächst seinem Sohne Herzog Friedrich von Rotenburg als
Dienstmannen zufielen, was nicht ausschliesst, dass einzelne Mit-
glieder dieser Geschlechter dem kaiserlichen Dienste vorbehalten
blieben, wie das ja auch bei Heinrich v. Pappenheim der Fall gewe-
sen sein muss. Erscheint Arnold mit seinen Söhnen 1166 als Zeuge
Herzog Friedrich's (Wirtemb. U. B. 2, 152) und zwar als Vogt von
Rotenburg, so muss er herzoglicher Beamter gewesen sein. Walter
erscheint dann noch 1157. 58 als Truchsess (B. 2374. 91).

Rudolf v. Scharfenberg, als Truchsess Rudolf 1162
Aug. 18, dann 1163. 1165 (B. 2464. 501. Beyer U. B. 1, 245),
zuletzt 1165 Sept. 24 mit dem Geschlechtsnamen genannt (Chmel,
Reg. Rup. 187). Derselbe wird der 1154 erwähnte Truchsess
Rudolf sein, welcher unter den Zeugen unmittelbar auf Bertolf
v. Scharfenberg folgt (Wirtemb. U. B. 2, 74). Dieses Ineinandergreifen Rudolf's und Walter's dürfte etwa dadurch zu erklären sein,

dass Rudolf anfangs stellvertretender Truchsess war, dann nach
Walter's Tode Reichstruchsess wurde.

Ulrich, 1166 Aug. 20 Dapifer curie, dann 1167 Febr. Apr.
als Truchsess genannt (B. 2519. 24. 25). Unter den in den Urkunden dieser Zeit genannten Ministerialen finde ich nur 1170 einen
Ulrich v. Husen (B. 2538); doch dürfte das kaum genügen, danach
das Geschlecht Ulrich's zu bestimmen.

4. Walter (v. Rotenburg) der Jüngere würde nach unserer
Annahme zuerst 1168 Juni 28 und Juli 10 (Lacomblet 1, 297.
B. 2529), dann 1171. 73. 74. 77. 78. 79 (B. 2545. 62. 70. 81.
602. 6. 8. 13), zuletzt 1183 Februar 4 (Mon. Germ. 4, 165)
genannt.

Die Annahme, Walter sei jener Sohn Arnold's v. Rotenburg
dieses Namens (§. 2), wird wohl dadurch gestützt, dass in eben
dieser Zeit auch die Brüder desselben in demselben Amte am Hofe
erscheinen; ein solches Wechseln der Brüder in der Amtsführung
finden wir auch sonst (V §. 13); bei der Annahme, Walter gehöre
einem andern Geschlechte an, wäre dieser Wechsel kaum zu erklären. Ein Wiederauftreten der Rotenburger 1168 liegt auch desshalb
nahe, weil sie nach dem Tode Herzog Friedrich's 1167 wieder
Reichsdienstmannen geworden waren (vergl. §. 3). Arnold
v. Rotenburg erscheint zuerst als Truchsess ohne Geschlechtsnamen 1172 Apr. zu Wirzburg, 1174, zuletzt, und zwar als Truchsess von Rotenburg bezeichnet, 1179 Jän. (B. 2551. 53. 69. 612).
Dass wir vorzugsweise Walter, nicht Arnold, in dieser Zeit als
Reichstruchsess zu betrachten haben, scheint doch die grössere
Zahl der Erwähnungen jenes zu ergeben; auffallen muss nur, dass
Arnold 1172 Apr. zu Würzburg Truchsess heisst, während sein
Bruder Walter auf demselben Tage anwesend war (B. 2550. 52).
Dass es der jüngere Arnold, nicht der frühere Truchsess K. Kon-
rad's war, ergibt sich wohl daraus, dass 1174 neben dem Truchsess
sein Bruder Konrad erwähnt wird. Dieser Konrad v. Rotenburg
tritt nun aber auch im Amte auf; zuerst 1175 zu Pavia ohne
Geschlechtsnamen (B. 2575), dann 1182 in Urkunde des Bischofs
von Wirzburg (Hansselmann 1, 371), weiter 1183 März und Mai
beim Kaiser (B. 2655. 56) als Truchsess von Rotenburg.

Finden wir von 1168 — 1183 nur die drei Rotenburger als,
Truchsesse genannt, während nun nicht blos Walter und Arnold,

welche gestorben sein dürften, sondern auch Konrad nicht mehr als solche erscheinen, so wird das um so mehr dafür sprechen, dass es sich in jener Zeit um eine Stellvertretung durch die Brüder handelte. Konrad erscheint dann aber 1189 Febr. und Mai wieder als Truchsess (B. 2713. M. B. 31, 435), obwohl sonst in dieser Zeit Hugo von Sulz auftritt und im ersten Falle Konrad und Hugo zusammen als Truchsesse genannt werden. Dieses Auftreten Konrad's, wie es sich ähnlich unter den folgenden Regierungen zeigt, dürfte darauf schliessen lassen, dass er bereits einen Erbanspruch auf das Amt erhob, welchen die Reichskanzlei durch Gewährung des Titels anerkannte, während doch das Amt thatsächlich in anderen Händen war.

5. Heinrich v. Bomeneburg findet sich als Dapifer de Bomeniburre in einer Ende 1183 oder Anfang 1184 ausgestellten Urkunde (Verci Marca 1, 25). Ohne Amtstitel ist ein Heinrich v. Bomeneburg auch 1170 und um 1192 unter den Reichsministerialen nachzuweisen (Wenck Hess. L. G. 3, 77. Huillard 2, 770). Auf denselben dürfte doch zu beziehen sein die Erwähnung eines Henricus dapifer de Vourwurs in Urkunde 1184 Sept. 29 (Huillard 5, 193), in welcher die Zeugennamen mehrfach bis zur Unkenntlichkeit entstellt sind. Nochmals wird Truchsess Heinrich 1185 Sept. 27, erwähnt (B. 2684).

Hugo v. Sulz wird 1186 Juni 22, 1188 Sept. 1, Nov. 22 nur als Truchsess bezeichnet (B. 2695. Niedersächs. U. B. 2, 27. Notizenbl. 2, 211), 1188 Sept. 29 nur mit dem Geschlechtsnamen (B. 2710), während er 1189 Febr. 15 neben Konrad von Rotenburg ausdrücklich Truchsess von Sulz heisst (B. 2713). Der Name kehrt auch in späteren Kaiserurkunden einigemale wieder (Reg. Phil. n. 96. Huillard 4, 761. 763), aber ohne einen Amtstitel.

6. Vereinzelt erscheint 1168 zu Würzburg neben Walter ein Truchsess Engelhard (B. 2529), unzweifelhaft zu den Hofbeamten des Bischofs von Wirzburg gehörend, da die neben ihm genannten Schenk Iring und Kämmerer Herold als solche zu erweisen sind (III §. 7. IV §. 13). Der 1186 vorkommende Constantin ist Truchsess von Bremen (vgl. II §. 6).

7. Unter K. Heinrich VI. ist Reichstruchsess Markward v. Anweiler. Schon an Heinrich's königlicher Hofhaltung erscheint er als Dapifer regis 1185 Sept., Oct. 25 (Quix Cod. Aq. 1, 26. Lacom-

blet 1, 348), ist 1187 Juli mit seinen Bruder Konrad bei K. Friedrich (Mone Zeitschr. 11, 14), dann 1187 Sept. bis 1188 März beim Könige (B. 2731. Rena e Camici 4 *d*, 100. Moriondi 1, 88. C. dipl. Westf. 2, 193). Führt er in diesen Jahren keinen Geschlechtsnamen, so ist doch die Identität mit dem später sehr häufig von Anweiler benannten Truchsess Markward nicht zu bezweifeln; auch den erwähnten Bruder Konrad finden wir später v. Anweiler genannt (B. 2741. 2823). Das Verschwinden Markward's aus den Urkunden der nächsten Zeit erklärt sich aus seiner Theilnahme am Kreuzzuge; 1189 Dec. schickte ihn der Kaiser als Gesandten nach Constantinopel (Ansberti hist. ed Dobr. 66). Auch auf Heinrich's Römerzuge wird er als Zeuge nicht erwähnt, muss aber wenigstens zeitweise beim Kaiser gewesen sein, da dieser ihn 1191 als Gesandten nach Pisa schickt. (La Farina Studj 4, 194.) Urkundlich erscheint er dann häufig in Deutschland 1192 März 5 bis 1193 Dec. 4. (B. 2779. 81. 89. 94. 99. 800. 4. 5. 8. 13. 14. Perard Recueil 318. Notizenbl. 2, 182. Wirtemb. U. B. 2, 289. 291. Huillard 2, 769); nach einer Lücke 1194 Juni 3 zu Piacenza und weiter in den in Italien und Sicilien ausgestellten Urkunden (B. 2825. 29. 32. Mon. Patr. L. jur. Gen. 1, 410. Notizenbl. 1, 180. Margarin 2, 227). Zu Messina 1195 Febr. 5 finden sich unter den Zeugen Marcovaldus siniscalcus, dann Marfladus maior siniscalcus (B. 2835), eine mir unerklärliche Zusammenstellung; das Maior würde sich doch nur auf den Reichstruchsessen beziehen lassen, während auf eben diesen doch auch die erste Erwähnung zu geben scheint; sicilische Hofbeamte, an welche, etwa zu denken wäre, kommen sonst bei K. Heinrich nicht vor. In diese Zeit fällt seine Freilassung und Erhebung zum Markgrafen von Ancona und Herzog von Ravenna; 1195 April 10 heisst er zuerst Marchio Ancone et imperialis aule dapifer, April 27 nur Seneschalcus, Mai 20 und in undatirter Urkunde Imperialis aule senescalcus marchio Ancone, dux Ravenne (B. 2841. 45. Notizenbl. 2, 371. Tonini Rimini 2, 600). In den in Deutschland 1195 Oct. 27 bis 1196 März 28 ausgestellten Urkunden, führt er den italienischen Titel nicht (B. 2860. 68. 69. Wirtemb. U. B. 2, 312. Hodenberg Verd. G. Q. 2, 60). Er wurde dann vom Kaiser nach Italien vorausgeschickt (Ann. Colon. Mon. Germ 17, 804), findet sich aber schon gleich bei dessen Eintritte 1196 Juli 28 zu Turin und weiter bis 1197 Sept. 12 beim Kaiser, anfangs mehrfach nur als Seneschall (Bibl. Floriac. 3,

89. Huillard 2, 561. Mon. Patr. Ch. 1, 1031. B. 2886), später
durchwegs auch als Markgraf von Ancona und Herzog von Ravenna
bezeichnet (B. 2885. 96. 97. 98. La Farina Studj 4, 306. Lünig
R. A. 22, 814). Markward starb 1202; von seinen Nachkommen
erscheint keiner mehr als Truchsess am Hofe; sein Sohn Dietrich,
welcher sich 1208 nur filius Marcwardi dapiferi de Anewilre nennt
(Guden Sylloge 72), auch in Kaiserurkunden nicht als Truchsess
bezeichnet wird (Mone, Zeitschr. 11, 281. Huillard 2, 761), scheint
sich zuweilen auch den Amtstitel des Vaters beigelegt zu haben;
1204 soll er sich imperialis aulae dapifer genannt haben (Gebhardi
geneal. Gesch. 1, 602 mit irrigem Citat); 1211 bezeichnet ihn der
Pfalzgraf als Dapifer de Husen (Guden Syll. 81).

8. Ausser Markward wird Konrad v. Rotenburg (vgl. §. 4)
beim Kaiser ohne Amtstitel genannt 1193. 94 (B. 2811. 22. 23. Dümge
Reg. 152), als Truchsess 1192 Juli, 1194 Jan., 1195 Aug. (B. 2782.
818. 55), in allen diesen Fällen nie mit Markward zusammen-
treffend, so dass er zunächst als stellvertretender Truchsess betrachtet werden könnte. Doch 1197 Aug. 3 in Sicilien erscheint er, und
zwar mit dem Amtstitel auch neben Markward (Lünig R. A. 22, 814);
der Titel wird doch zunächst auf Festhalten eines Erbanspruches zu
deuten sein. Truchsess Albert wird nur einmal 1191 Apr. in Italien
genannt (Dümge Reg. 149), also während der grösseren Lücke im
Vorkommen Markward's; zur Bestimmung seines Geschlechtes fehlt
mir jeder Anhalt. Truchsess Walter, wie neben ihm der Schenk
Johann und Kämmerer Werner, 1195 zu Worms (Remling U. B. 1,
127), werden nach Massgabe des Inhalts der Urkunde und der geistlichen Zeugen für Hofbeamte des Abtes von Prüm zu halten sein.
Beim Seneschall Bernard, 1196 Juli 28 zu Turin (Huillard 2, 561),
handelt es sich wohl nur um eine Verwechslung des Namens mit
Markward, da dieser an demselben Tage vorkommt.

9. Unter K. Philipp ist Reichstruchsess Heinrich v. Waldburg. Die älteren Waldburg sind ursprünglich welfische Ministerialen
und mögen schon beim alten Herzog Welf, in dessen Urkunden sie
häufig erscheinen, das Amt des Truchsessen bekleidet haben; doch
werden in den Urkunden Welf's die Amtstitel nicht angeführt. Nach
dem Übergange an die Staufer werden sie, wie die übrigen welfischen Dienstmannen, zunächst den Ministerialen des Herzogthums
Schwaben zugezählt sein; sie erscheinen nun in den herzoglichen

Urkunden; als Truchsess zuerst Heinrich 1197. 98 bei Herzog
Philipp (vergl. Stälin 619. 620). Ihn als Reichstruchsessen beizubehalten, wird Philipp nach seiner Erhebung um so weniger
Bedenken getragen haben, als der bisherige Inhaber des Amtes
Markward in Italien blieb. Wir finden Heinrich als Truchsess am
königlichen Hofe 1200 (Ph. 18. 20. 21. 31. 33. Wirtemb. U. B. 2,
336), 1202 (Ph. 71), 1204 (51), 1205 (54. 56. 60. 61. 66. 72),
1206 (78. 80), 1207 (92. 93. 97. 105. 6. 8. 10), 1208 (115).
Auf ihn wird sich auch die Erwähnung eines Heinrich Truchsess
v. Wittingen um 1205 (Mon. Germ. 4, 208) beziehen. Schon dieses
häufige Vorkommen muss darauf hinweisen, dass wir ihn nicht
zunächst als schwäbischen, sondern als Reichstruchsess zu
betrachten haben; 1207 heisst er überdies ausdrücklich Dapifer
imperii (Ph. 108).

In Urkunden der ersten Jahre Philipp's, 1198, 99 (Wirtemb.
U. B. 2, 327. Ph. 16), wird Friedrich v. Waldburg Truchsess
genannt, welchen wir, da Heinrich schon herzoglicher Truchsess
war und Friedrich neben ihm den Amtstitel nicht führt (Ph. 105. 6),
nur als Stellvertreter seines Bruders zu betrachten haben.

10. Die Stellung der Waldburg dürfte aber doch nicht unbestritten geblieben sein. Konrad v. Rotenburg (vgl. §. 4. 8)
erscheint 1199 mehrfach als Truchsess beim Könige (Ph. 15. Reg.
Boic. 1, 381), einmal zugleich mit dem Truchsess Friedrich und
diesem vorgestellt (Ph. 16). Zuletzt ist er 1200 März ohne Amtstitel beim Könige (Ph. 25) und mag bald nachher gestorben sein.
Dass es sich hier nicht um ein blosses Fortführen des Titels handelte,
sondern um die Geltendmachung von Erbansprüchen, scheint sich
daraus zu ergeben, dass von nun an die Rotenburger nie mehr als
Truchsesse, dagegen seit 1202 als Küchenmeister erscheinen. Da
dieses Amt früher niemals vorkommt, da die Rotenburger es ganz
ausschliesslich bekleiden, so wird kaum zu bezweifeln sein, dass es
für die Familie neu errichtet wurde, um einen gegen Heinrich
von Waldburg erhobenen Erbanspruch zu beseitigen.

11. Vereinzelt kommt vor 1205 April zu Nürnberg (Ph. 63)
ein nicht näher nachzuweisender Ulrich als Dapifer regis, obwohl
in anderen in jener Zeit zu Nürnberg ausgestellten Urkunden H. von
Waldburg als Truchsess erscheint (Ph. 61. 66); es dürfte vielleicht
ein zu persönlicher Dienstleistung bestimmter Unterbeamter sein.

Von vereinzelt erscheinenden fürstlichen Truchsessen wurden bereits
Eckilbert 1199 und der thüringische Truchsess Günther von
Schlotheim 1207 erwähnt (I §. 13). Der 1201 Sept. zu Bamberg
genannte Truchsess Wichard v. Zebingen (Ph. 38) gehört zu
den Dienstmannen der Herzoge von Österreich und wird überaus oft
in den Urkunden derselben genannt (vgl. Meiller, Babenb. Reg. 342).
Herzoglicher Truchsess war aber nicht er, sondern der häufig neben
ihm vorkommende Wichard v. Seefeld (vgl. Meiller 318); wird auch
er als Truchsess aufgeführt (Mon. Boic. Index 235), so gründet sich
das nur auf irrthümliche Zusammenziehung beider Namen im
Abdrucke einer herzoglichen Urkunde (Mon. Boic. 4, 151. vgl.
Meiller 106). Ob etwa auch hier ein ähnliches Versehen vorliegt,
oder Wichard v. Zebingen ausnahmsweise das Amt versah, mag
dahingestellt bleiben.

12. Bei K. Otto als Gegenkönig erscheint Konrad v. Wilre
1201. 2 ohne Amtstitel (O. 13. 18), 1202 als Dapifer regis (O. 17),
1204 in Urkunde des Pfalzgrafen als Dapifer (Or. Guelf. 4, 630).
Noch 1209 heisst er in Urkunde des Königs von England Senescallus
illustris regis Ottonis (Or. Guelf. 3, 457), kommt aber während der
allgemeinen Anerkennung Otto's in dessen Umgebung nicht vor; erst
1212 Nov., dann 1216. 17 ist er wieder bei ihm, aber ohne Amtstitel (O. 179. 187. 189). Er gehört wohl nicht zur braunschweigischen Dienstmannschaft, sondern zu einer rheinischen, insbesondere
bei den Herzogen von Limburg vorkommenden Familie (vgl. Lacomblet 2, 648). Zu den braunschweigischen Ministerialen gehört der
mehrfach ohne Amtstitel (O. 17. 18. 25) beim Könige vorkommende
Ludolf v. Esbeck, welcher 1203 als Truchsess erscheint (O. 22).

13. Bedeutender tritt hervor Gunzelin v. Wolfenbüttel
aus einer braunschweigischen Ministerialenfamilie. Schon 1200
erscheint ein Bucelin dapifer, dann 1204 Eckbert v. Wolfenbüttel
und sein Bruder Truchsess Gunzelin (O. 12. 26), derselbe in Urkunde
des Pfalzgrafen 1204 neben dem Truchsess Konrad und ihm nachgestellt (Or. Guelf. 4, 630); dann 1207 nur als Gunzelin v. Wolfenbüttel (O. 30).

Er genoss das ganze Vertrauen K. Otto's, da es von ihm heisst:
Gunzelinus domestice familie ipsius Ottonis unus et precipuus, officio
dapifer, cui idem Otto, ei cuius fidelitatem et servitutem iam pridem
fuerat expertus, non solum privata, sed et publica regni negocia com-.

miserat (Chron. Sampetr. ad a. 1211). Es ist erklärlich, wenn Otto wünschte, ihn als Reichstruchsess beibehalten zu können. Scheint er das für keinen andern seiner früheren Hofbeamten nach seiner Anerkennung versucht zu haben, so mussten es hier die besonderen Umstände begünstigen. Die Ansprüche der Rotenburger waren abgefunden (§. 10). Der bisherige Reichstruchsess Heinrich v. Waldburg kommt allerdings noch zweimal, 1209 Jänner und Juni (O. 51. 66) als Truchsess vor; aber er mag schon bejahrt gewesen sein und wird, obwohl sein Verschwinden aus den Urkunden sich zunächst durch Nichttheilnahme am Römerzuge erklärt, bald nachher gestorben sein; er hinterliess keine Söhne; sein Bruder Friedrich starb kurz nach ihm; Söhne desselben werden 1183 erwähnt, dürften aber vor ihm gestorben sein, da Namen und Amt der Familie auf die Tanne übergehen (vgl. Stälin 2, 612 n. 2, 10. 620). So mochte auch von dieser Seite wenig in den Weg gelegt werden.

Schon gleichzeitig mit Heinrich erscheint Gunzelin 1208, 9 häufig als Truchsess (O. 34. 36. 39. 40. 45. 60. 62); in ein und derselben Urkunde kommen beide nicht vor. Seit dem Beginne des Römerzuges wird nur noch Gunzelin als Truchsess genannt (O. 75. 81. 85. 87 — 90. 95. 97 — 100. 3. 6. 7. 38. 39. 64. 71); und mag er früher etwa neben Heinrich zunächst nur als dienstthuender Truchsess betrachtet sein, so heisst er nun seit 1209 Oct. 30 mehrfach Dapifer imperii (O. 85. 95. 171) oder imperialis aule (98. 99. 100), erscheint überhaupt den anderen Reichsbeamten ganz gleichgestellt. Es ist erklärlich, dass er seinem Herrn treu blieb, als die anderen Reichshofbeamten sich zu Friedrich wandten; bis zum Tode K. Otto's 1218 erscheint er als Truchsess des kaiserlichen Hofes in dessen Urkunden (O. 184. 86. 88 — 90. 93. 94).

14. Da die Waldburg ausgestorben, die Rotenburg zurückgetreten waren, Gunzelin zum Gegner stand, so hatte K. Friedrich II. für die Bestellung des Reichstruchsess freies Feld. Ernannt wurde Werner v. Boland der Ältere. Für irgend welchen Erbanspruch auf das Amt zeigt sich kein Anhalt; so überaus häufig die Boland schon früher in den Kaiserurkunden erscheinen, führen sie doch nie einen Amtstitel. Eine auf ungedruckter Urkunde beruhende Angabe, wonach Werner schon 1207 Reichstruchsess gewesen wäre (Köllner Kirchheim Boland 36), ist unzweifelhaft irrig. Werner hatte den Römerzug K. Otto's nicht mitgemacht und erscheint nach dessen

Rückkehr nicht in seinen Urkunden; er wird zu den ersten Anhängern K. Friedrich's gehört haben. Bei diesem erscheint er zuerst schon 1212 Oct. 5 zu Hagenau als Dapifer curie nostre (H. 1, 222); ohne grössere Zwischenräume finden wir ihn dann sehr häufig in den folgenden Jahren beim Könige in Deutschland (H. 1, 239 — 808. 927) oft ausdrücklich als Dapifer imperii oder imperialis aule bezeichnet. Er begleitete Friedrich weiter auf dem Römerzuge, wo er fast in allen Urkunden, zuletzt 1220 Dec. 6 zu Tibur als Reichstruchsess genannt wird (H. 1, 830 — 876. 2, 13 — 77. 914). Da der Kaiser sich jetzt nach Neapel wandte, wird er ihn nach Deutschland zurückgeschickt haben. Heisst es: Fridericus vero rex pro consecratione imperatoria Romam ire volens, Henricum filium suum — regem constituit in Alemannia; cujus tutelae deputatus est Wernerus de Bolandia; — Wernero autem in brevi defuncto, suscepit tutelam regii pueri Engilbertus Coloniensis archiepiscopus (Gesta Trevir. ed. Wyttenbach 1, 313), so muss der junge König anfangs einen andern Erzieher gehabt haben, zunächst wohl den Schenk Konrad v. Winterstetten, was die Unsicherheit der Angaben über diesen Punct zum Theil erklärt (vgl. Böhmer Reg. LV). Für seinen hervorragenden Antheil an der Reichsregierung nach seiner Rückkehr spricht ein Brief Werner's 1221 Mai 6 zu Mainz, worin er gleichlautend mit den Erzbischöfen von Köln und Mainz erklärt, dass ein Rechtsspruch des Königs in seiner Gegenwart und mit seiner Einwilligung erfolgt sei (H. 2, 722). Nach später zu Erörterndem wird das die letzte auf ihn zu beziehende urkundliche Erwähnung sein, womit die angeführte Stelle, wonach er bald gestorben ist, stimmt.

15. Neben Werner erscheint als Truchsess Eberhard v. Tanne-Waldburg. Die Tanne sind wohl ein ursprünglich schwäbisches, nicht welfisches Dienstmannengeschlecht; denn nur einmal in undatirter Urkunde (Wirtemb. U. B. 2, 139) finde ich sie bei Herzog Welf, während sie sonst eben so regelmässig in den Urkunden der Herzoge von Schwaben auftreten, als die Waldburg in denen Welf's (vgl. Stälin 2, 617. 619). Sie sind zudem ursprünglich Schenken, nicht Truchsesse. Einen Truchsess Eberhard v. Tanne finden wir zuerst 1214 Oct. 23, dann, doch nicht sehr häufig, in den folgenden Jahren bis zuletzt 1220 Juli 30 beim Könige (H. 1, 321. 87. 89. 474. 500. 920. 527. 59. 613. 21. 712. 22. 810). In der

selben Zeit finden wir aber auch 1219 Aug. 17 bis 1220 Juli einen
Truchsess Eberhard v. Waldburg genannt (H. 1, 666. 79. 81. 83.
724. 92. 813); vielleicht gehört dahin schon der 1218 Apr. 15 in nicht
ganz unverdächtiger Urkunde vorkommende Truchsess Konrad v. Waldburg (H. 1, 542), da ein Konrad dieses Namens sich sonst nicht findet.
Die Identität beider kann keinem Zweifel unterliegen. Nie in
ein und derselben Urkunde neben einander vorkommend, finden wir
sie dennoch in Urkunden, welche an demselben Orte und fast gleichzeitig ausgestellt sind (H. 1, 712. 22. 24. 810. 13). Dürfte schon
das wesentlich genügen, so lässt die Angabe der Ursperger Chronik,
K. Friedrich habe die Reichskleinodien gelassen: sub potestate
Eberhardi de Tanne ministerialis et dapiferi sui in Walpurc,
keinen Zweifel.

Es scheint darnach die Burg und das Truchsessamt der Waldburg an einen Eberhard v. Tanne, wohl denselben, welcher schon
1187 und 1205 Bruderssohn des Schenken Eberhard v. Tanne
genannt wird (Stälin 2, 617. 18), gekommen zu sein. Daraus
würde sich das Aufnehmen des Namens Waldburg genügend erklären,
auch ohne die Annahme, dass die älteren Waldburg desselben
Geschlechtes mit den Tanne, etwa Friedrich v. Waldburg Bruder
des Schenken und Vater des Truchsess Eberhard gewesen sei.
Dagegen spricht wohl, ausser der sich ergebenden Annahme einer
Verheirathung von Geschwisterkindern (vgl. Stälin 2, 612), die verschiedene Dienstherrschaft und das verschiedene Amt beider
Geschlechter; auch wäre dann kaum zu erklären, dass der jüngere
Eberhard sich anfangs von Tanne schreibt. In näherer verwandt-
schaftlicher Beziehung dürfte dieser allerdings zu den Waldburg
gestanden haben, da er in ihre Rechte eintritt und Vormund der
unverheiratheten Tochter Heinrich's v. Waldburg war (Stälin 2, 613);
am nächsten läge es, in ihm einen Schwiegersohn Friedrich's
zu sehen; doch scheint seine erste Gemahlinn eine Edle von Schwa-
bek gewesen zu sein; das Geschlecht der zweiten ist allerdings
nicht bekannt (vgl. Stälin 2, 612). Für die Einheit des Geschlechtes
liesse sich etwa geltend machen, dass wir nicht allein bei Eberhard's
Kindern, sondern auch schon bei seinen Brüdern die waldburgischen
Namen Friedrich und Heinrich finden.

War Heinrich v. Waldburg Reichstruchsess gewesen (§. 9), so
ist Eberhard zunächst nur Truchsess des Herzogthumes Schwaben.

(Ficker.)

Das Amt dürfte überhaupt wohl nicht als unmittelbar vererbt, sondern erst als von K. Friedrich verliehen zu betrachten sein, da es
sonst auffallen müsste, dass vor 1214 kein an das Amt der Waldburg
anknüpfender Truchsess erscheint. Dass Eberhard's Amt sich nicht
auf das Reich bezog, darauf deutet schon, dass er in dieser Zeit nie
Reichstruchsess heisst, auch wenn Andere neben ihm ausdrücklich
als Reichsbeamte bezeichnet sind ,(H. 1, 474. 527. 559. 613), so
insbesondere auch Werner v. Boland in der einzigen Urkunde, wo
beide neben einander vorkommen (H. 1, 792); entscheidend ist, dass
Eberhard 1217 neben dem Marescalcus und Pincerna imperii ausdrücklich Dapifer Swevie heisst (H. 1, 920). Auch die Aufnahme
der schwäbischen Löwen in das Wappen dürfte darauf deuten (vgl.
Stälin 2, 616. Mone Zeitschr. 11, 233).

16. Nachfolger des älteren Werner ist W e r n e r v. B o l a n d
d e r J ü n g e r e. Doch muss es scheinen, als sei ihm das Reichsamt
mit Rücksicht darauf, dass die Waldburg eine Zeitlang Reichstruchsesse waren, dem älteren Werner aber das Amt ohne Erbanspruch
verliehen war, von Eberhard von Waldburg bestritten worden.
Werner ist 1222 März und Mai bei K. Heinrich, führt aber in vier
Urkunden keinen Amtstitel (H. 2, 728. 31. 42. 46), nur in einer
heisst er Truchsess (H. 2, 744), und in einer jener steht Heinrich
Truchsess von Waldburg, wahrscheinlich Eberhard's Sohn, ihm vor
(H. 2, 746). Dieses Vorkommen wird auch genügend erweisen, dass
diese Erwähnungen sich nicht mehr auf den älteren Werner beziehen. Bei K. Heinrich finden wir 1222, 23 Werner nicht mehr, dagegen häufig den immer als Truchsess bezeichneten Eberhard (H. 2,
736. 48—80). Auf Ansprüche Eberhard's auf das Reichsamt dürfte
auch deuten, dass er um diese Zeit in eigener (Reg. Boica 2. 124),
dann 1225, 26, 27 auch in königlichen Urkunden (H. 2, 829, 85,
3, 335) zwar nicht Imperii, aber doch imperialis aule dapifer
heisst. Werner ist 1223 Jän., Febr. beim Kaiser zu Capua, aber wieder auffallender Weise ohne Amtstitel (H. 2, 296. 98. 307), was
sich freilich auch aus Rücksicht auf den gleichfalls anwesenden Gunzelin v. Wolfenbüttel erklären liesse.

Febr. 1224 ist Truchsess Eberhard beim Kaiser in Catania
(H. 2, 400. 1. 4); und gerade während dieser Abwesenheit im Jän.
finden wir Werner zuerst wieder als Truchsess bei K. Heinrich
(H. 2, 786. 87). Seit Juli ist Eberhard wieder beim Könige in

Deutschland (II. 2, 799. 806. 8. 11); Nov. 17 kommen zuerst Eberhard und Werner neben einander als Truchsesse vor und zwar so, dass Eberhard vorsteht. Eberhard muss später fast immer am Hofe des Königs gewesen sein, da er in der grossen Mehrzahl seiner Urkunden als Zeuge erscheint (H. 2, 815—910. 3, 311—475. 4. 558—656). Viel seltener finden wir Werner, jetzt durchweg als Truchsess bezeichnet, 1225, 27, 31—34 beim Könige (H. 2, 854. 60. 3. 311. 14. 22. 444. 47. 53. 66. 4. 568. 80. 603. 18. 34. 45), Dafür, dass Werner als Reichstruchsess galt, Eberhard als schwäbischer eine untergeordnete Stellung einnahm, liesse sich nur etwa geltend machen, dass, wo beide in derselben Urkunde vorkommen, jetzt Werner immer vorsteht und Eberhard zuweilen erst nach anderen Beamten auf ihn folgt (H. 2, 854. 3, 311. 14. 22. 453. 4. 580. 634. 45). Nicht zu viel Gewicht dürfte darauf zu legen sein, dass Werner 1231 und nochmals 1234 neben dem nur als Truchsess bezeichneten Eberhard Dapifer imperialis aule heisst (H. 3. 466. 634); denn vereinzelt, wie erwähnt, führt auch Eberhard diesen Titel; es muss eher auffallen, dass Werner ihn so selten führt und sich nie, wie sein Vater so oft, Dapifer imperii nennt; doch werden diese Bezeichnungen jetzt überhaupt weniger gebraucht, als in der früheren Zeit Friedrich's.

Eberhard erscheint zuletzt 1234 Mai 26 (II. 4, 656) beim Könige und wird bald nachher gestorben sein, da er auch anderweitig urkundlich nicht mehr nachzuweisen ist (vgl. Stälin 2, 627). Seitdem erscheint kein Waldburg, sondern nur noch Werner 1234, 35 März bei K. Heinrich und 1236 beim Kaiser (4, 688. 723. 841. 63. 93), jetzt vorwiegend als Imperialis aule Dapifer bezeichnet.

17. Gleichzeitig mit Werner und Eberhard tritt auch noch Gunzelin v. Wolfenbüttel (vgl. §. 13) als Truchsess auf. Es ist möglich, dass ihm bei der Aussöhnung K. Friedrich's mit dem Welfen Heinrich 1219 besondere Zusicherungen gemacht wurden, wie später in der Erhebungsurkunde von Braunschweig 1235 ausdrücklich Gleichstellung der welfischen mit den Reichsministerialen zugesichert wurde. Gunzelin ist 1222, 23 beim Kaiser in Italien als Dapifer, Dapifer noster oder imperialis aule (H. 2, 231, 73, 86, 88); in derselben Urkunde mit Werner vorkommend heissen aber beide nur Ministeriales imperii (H. 2, 298). Auch in Deutschland bei K. Heinrich heisst er 1224 und 1225 Dapifer imperialis aule, während im

ersten Falle der ihm nachstehende Eberhard nur Truchsess heisst
(H. 2, 799. 850); in einem andern Falle 1224, wo Gunzelin
ebenfalls vorsteht, heissen beide nur Truchsess; 1231 nur Gunzelin
Truchsess, obwohl Eberhard sonst ganz regelmässig den Amtstitel führt
(H. 2, 808. 3, 455). Am Auffallendsten ist das Vorkommen Gunzelin's
und Werner's 1231 Dec. bis 1232 Mai beim Kaiser zu Ravenna und
auf den folgenden Tagen. Allein vorkommend heisst Gunzelin Truchsess (H. 4, 272. 73. 75. 314), führt nur einmal keinen Amtstitel
(357); in allen Fällen gemeinsamen Vorkommens führen beide den
Amtstitel nicht, wobei nur einmal Gunzelin (297), sonst Werner
vorsteht (288. 96. 323. 34. 39. 41. 59); dagegen führt auch Werner in den Fällen vereinzelten Vorkommens wenigstens einmal den
Amtstitel (324), welcher ihm sonst allerdings fehlt (277. 80. 90.
91. 93. 308. 29. 36. 37). Das Alles ist doch kaum anders zu
erklären, als aus dem Umgehen der beiderseitigen Ansprüche auf den
Amtstitel; gab man ihn nicht Beiden, so scheint doch noch die Ansicht wirksam gewesen zu sein, dass nur einer von ihnen der eigentliche Reichstruchsess sein könne. Später erscheint Gunzelin nur noch
einmal 1236 ohne Amtstitel beim Kaiser (H. 4, 868); doch schreibt
er sich in seinen eigenen Urkunden noch später Dei gratia imperialis aule dapifer v. Wolfenbüttel oder auch v. Peine (Scheidt vom
Adel. 435. 36).

18. Von den vereinzelt vorkommenden Truchsessen dürfte der
sonst nicht nachzuweisende Konrad v. Waldburg sehr wahrscheinlich identisch mit Eberhard sein. Als Conradus erscheint er
1218 in einer Urkunde auffallender Form, dann 1223, 24 (H. 1,
542. 2, 782. 401). Im letzteren Falle handelt es sich um das vereinzelte Vorkommen eines Truchsessen in drei kaiserlichen Urkunden
zu Catania 1224 Febr.; in zweien (H. 2, 400. 404) finden wir nur
Eberhard, in der dritten nur Konrad; beide genau an derselben
Stelle in den sonst ganz übereinstimmenden Zeugenreihen; handelte
es sich um zwei Personen, so wäre es fast unerklärlich, dass sie
nicht auch neben einander genannt wären. Erklärlicher noch ist eine
Verwechselung, wenn 1225. 27, 31, 33 der Personenname nur durch
die Sigle C gegeben ist (H. 2, 855. 3, 314. 453. 4, 612); und auch
hier finden wir 1227, 31 Eberhard in Urkunden, welche an demselben Orte fast gleichzeitig ausgestellt sind (H. 3, 311. 455), so
dass das Nichtzusammentreffen fast unerklärlich wäre. Truchsess

Heinrich v. Waldburg 1222, 28 (H. 2, 746. 3, 386), wird der auch sonst bekannte (Stälin 2, 612) Sohn Eberhard's sein, doch ist die Urkunde von 1228 verdächtig; die Erwähnung eines Henricus dapifer regis 1224 (H. 2, 802) dürfte aber eben so wohl auf einen Unterbeamten zu deuten sein. Truchsess Friedrich v. Waldburg wird nur einmal 1227 (H. 3, 359) genannt; er ist gleichfalls Sohn Eberhard's (Stälin 2, 612). Die Erwähnung des Truchsess Marquard v. Anweiler 1223 (H. 2, 770) entfällt, da die Zeugenreihe der wahrscheinlich unechten Urkunde unzweifelhaft zum Theil einer Urkunde K. Heinrich's des VI. entnommen ist.

19. Volker v. Salzberg 1225 zu Nordhausen (H. 2, 848) ist Truchsess von Wirzburg (Reg. Boica 2, 59. 193); eben so 1227 (H. 3, 341) Albert v. Wirzburg, sonst v. Witolshausen genannt (Reg. Boica 2, 173), welcher häufig als bischöflicher Truchsess erscheint (R. Boica 2, 139—177). Auch die Erwähnung des Truchsess Heinrich, 1234 zu Wirzburg (H. 4, 699), bezieht sich auf den bischöflichen Truchsess dieses Namens (R. Boica 2, 221), da auch die neben ihm genannten Schenk Johann und Kämmerer Gotfrid bischöfliche Beamte sind (R. Boica 2, 213. 221). Der in kaiserlichen Urkunden 1237 zu Wien genannte Kadold v. Velsberg (H. 5, 27. 38. 40) ist Truchsess von Österreich (vgl. Meiller Babenb. Reg. 318).

20. Beim Kaiser erscheinen, wie schon erwähnt, in Italien vereinzelt Werner, Gunzelin und Eberhard als Truchsesse. Ständig ist seit dem Abgange des älteren Werner 1220 Dec. kein deutscher Truchsess mehr an seinem Hofe. Von den am deutschen Hofe nicht genannten findet sich 1226 vereinzelt ein Frater G. de Merern dapifer (H. 2, 700), wohl ein Ordensritter. Auch von sicilischen Truchsessen ist Heinrich v. Rivello nur einmal 1232 als Zeuge nachzuweisen (H. 4, 374); ausser ihm wird noch ein Jakob Capece als Seneschall erwähnt (vgl. Huillard Introd. 149).

21. Bei K. Konrad IV. kommt Werner v. Bolund nie als Truchsess vor, wird nur einmal 1242 als Fidelis noster erwähnt (H. 6, 825) und stand später zu den Gegenkönigen. Der König scheint dann sein Amt an seinen Bruder, den späteren Kämmerer Philipp v. Falkenstein verliehen zu haben, welcher 1246 als Truchsess erwähnt wird (H. 6, 878. 79) und noch 1253 den Titel Dapifer imperialis aulae führt (Guden, Cod. dipl. 2, 104). Schon früher

1242 Juli führt Konrad v. Schmidelfeld auffallender Weise den Titel Dapifer noster (H. 6, 841), während er in folgenden Urkunden (H. 6, 849. 51. 52. 53. 58) keinen Titel führt. Sein Geschlecht, welches wohl nicht zu den freien Herren (Stälin 2, 537), sondern nach seiner Stellung in den Urkunden (z. B. Wirtemb. U. B. 2, 169. B. 2825. H. 3, 349. 65. 83. 95) zu den Reichsdienstmannen gehörte, kommt sonst nie in einem Amte vor. Ob der König beabsichtigte, ihn an Werner's Stelle treten zu lassen, muss dahingestellt bleiben; 1249 finden wir Konrad auf der Gegenseite bei K. Wilhelm (Mon. Germ. 4, 365).

22. Von schwäbischen Truchsessen finden wir beim Könige 1240, 48 (H. 5, 1203. 4. 6, 884) den auch sonst seit 1239 (vgl. Stälin 2, 627. 28) urkundlich oft vorkommenden Otto Bertold v. Waldburg; neben ihm 1248 (H. 6, 884) die Truchsesse Heinrich und Ulrich v. Warthusen, aus einer Seitenlinie der Waldburg (Stälin 2, 613). Auch bei Konradin erscheinen 1260 Berthold v. Waldburg, 1266 Walter v. Warthusen und Eberhard v. Waldburg (Mon. Boica 30, 334. 47. 51), während sich kein Reichstruchsess bei ihm findet.

23. Der Reichstruchsess Werner v. Boland ist seit 1249 (Mon. Germ. 4, 365) bei K. Wilhelm, dann er und weiter sein gleichnamiger Sohn auch bei K. Richard nachzuweisen; ihr Anspruch auf das Reichsamt mochte von keiner Seite bestritten werden, zumal seit Philipp von Falkenstein (§. 21) 1257 das Reichskämmereramt erhalten hatte. Das Amt blieb nun erblich dem Hause Boland; noch 1363 nennt sich Philipp v. Boland Truchsess des heiligen römischen Reiches (Köllner Kirchheim-Boland 76); er starb 1376, sein Bruder Konrad, welcher den Amtstitel nicht mehr geführt zu haben scheint, nach 1386. Damit erlosch das Geschlecht im Mannsstamme. Es scheint nicht, dass das Reichstruchsessenamt wieder geliehen wurde, und es mag das damit zusammenhängen, dass es in der goldenen Bulle überhaupt nicht unter den vier Erbämtern des Reiches aufgeführt wird; beim Erlasse derselben mochten die in ihren Vermögensverhältnissen heruntergekommenen Boland nicht in der Lage sein, ihre Ansprüche geltend zu machen; als Stellvertreter des Erztruchsess erscheint vielmehr in der goldenen Bulle der Reichsküchenmeister, dessen Amt als Abzweigung des Truchsessamtes zu betrachten ist.

II. *b.* Reichsküchenmeister.

24. Aus dem Umstande, dass vor dem dreizehnten Jahrhunderte nie ein Reichsküchenmeister erwähnt wird, dass Rotenburger, welche früher vorzugsweise als Truchsesse vorkommen, seit 1200 nie mehr als solche erwähnt werden, während seit 1202 Küchenmeister v. Rotenburg erscheinen, schlossen wir schon früher (§. 10), dass das Amt von K. Philipp neu errichtet wurde, um die Rotenburger für ihre Ansprüche abzufinden. Der König bestätigt 1202 Juli 23 (Ph. 71. vgl. Mone Zeitschr. 11, 18) eine Schenkung Fidelis *uc* Familiaris nostri H. magistri coquine de Rotemburc. Ob Heinrich v. Rotenburg dem Mannesstamme der früheren Truchsesse v. Rotenburg angehörte, von welchen der 1200 zuletzt vorkommende Konrad heisst, dürfte zweifelhaft sein, da der Name Heinrich bei ihnen nicht vorkommt; unbedenklich werden wir in ihm den Rechtsnachfolger derselben zu sehen haben. Bei K. Philipp kommt er nur noch 1207 als Küchenmeister vor (Ph. 105. 6); bei K. Otto 1209 zu Rotenburg und auf dem Römerzuge (O. 56. 98. 99); bei K. Friedrich II. 1213 (H. 1, 265. 75. 83), 18 (1, 532. 65), 19 (1, 697), 20 (1, 728. 30. 33. 36. 55. 57. 818), dann bei K. Heinrich 1222 — 1225 (2, 742. 77. 94. 848. 68).

25. Schon bei Lebzeiten Heinrich's heisst auch Hartwig v. Rotenburg Küchenmeister, zuerst 1217 (H. 1, 510); 1220, 25 heissen beide neben einander Magistri coquine (II. 1, 755. 57. 2, 868); Hartwig allein ist 1221 beim Kaiser (H. 2, 141. 62), dann 1225 — 1234 bei K. Heinrich (H. 2, 859. 3, 388. 97. 410. 4, 632). Hartwig wird 1219 ausdrücklich als Sohn einer Schwester Heinrich's bezeichnet (Reg. Boica 2, 95. 101); auch wird Heinrich *sein* Oheim genannt (H. 5, 101). Er wird 1237 als verstorben *erwähnt* und scheint ausser einer Tochter nur einen Sohn Helmerich hinterlassen zu haben, welcher in den deutschen Orden trat (H. 5, 101).

26. Nachfolger im Amte ist Lupold v. Rotenburg-Nordenberg. Ein Schultheiss Lupold v. Rotenburg wird 1219 und 1233 erwähnt (Reg. Boica 2, 93. H. 4, 599), dann 1221 ein Lupold v. Rotenburg neben Hartwig (II. 2, 141). Am wahrscheinlichsten dürfte er Bruder Hartwig's sein. Bei K. Konrad IV. erscheint er 1246 als Magister co-

quine de Rotenburg (II. 6, 874); 1249 heisst Lupold regalis aule
magister coquine dictus de Nortenberg (Reg. Boica 2,407); die Identität wird nicht zu bezweifeln sein, da wir 1269 wieder einen L.
coquinarius de Rotinburch finden (Quellen und Erörterungen 5, 232). Die
v. Nordenburg, nach einer unweit Rotenburg belegenen Burg
benannt, werden dann in der goldenen Bulle als Erbküchenmeister und
Stellvertreter des Erztruchsess erwähnt; im fünfzehnten Jahrhunderte
folgen ihnen im Amte wohl durch Erbschaft die v. Seldeneck,
welche bis 1562 als Erbküchenmeister nachzuweisen sind, doch mehrfach auch als Reichstruchsesse bezeichnet werden, wie nicht befremden
kann, da ihnen ja zunächst die Verpflichtungen dieses Amtes oblagen
(vgl. Vitriar. illustr. 3, 804. 805. Ludewig Goldne Bulle 2, 778).
    27. Später führen die v. Waldburg den Titel eines Erb-
truchsessen des Reiches. Ihr Titel ist aber wohl zunächst nur auf ihr
schwäbisches Hofamt zurückzuführen, wie ja auch von anderen
Familien diese Titel fortgeführt werden, so beispielsweise von den
Schenken v. Winterstetten. Es wird insbesondere nicht anzunehmen
sein, dass sie nach dem Aussterben der Boland (§. 24) das Reichs-
truchsessamt erhielten, denn im fünfzehnten Jahrhunderte und noch
im Beginne des sechszehnten nennen sie sich einfach Truchsess
v. Waldburg und zwar auch in solchen Urkunden, wo neben ihnen die
Limburg oder Pappenheim ihr Amt als Erbamt oder Reichsamt ausdrücklich bezeichnen (Burgermeister Cod. dipl. eq. 106. 109. 139.
157). Erst Georg v. Waldburg heisst seit 1528 des heiligen römischen Reiches Erbtruchsess, und eben so die späteren Waldburg; da
es keine Reichstruchsesse gab, sich weiter leicht belegen liess, dass
die Waldburg früher kaiserliche Truchsesse gewesen waren, so wird
der Titel, auch wenn er, wie es scheint, ohne besondere Verleihung
angenommen wurde, keinen Widerspruch gefunden haben. Die
Verrichtungen des Amtes standen freilich dem Küchenmeister zu;
Georg erhielt aber schon 1528 vom Kurfürsten von der Pfalz die
Zusicherung, ihn oder seine Nachkommen nach dem Aussterben der
v. Seldeneck mit dem von Kurpfalz lehenrührigen Erbküchenmeister-
amte zu belehnen. Spätestens 1594 ging dann wirklich das Amt
durch kurpfälzische Belehnung an die Waldburg über; doch liessen
dieselben den Titel fallen und nannten sich wie früher Erbtruch-
sesse, so dass beide Ämter wohl fortan als ein Einziges betrachtet
wurden (vgl. Vitriar. illustr. 2, 756. 3, 806).

III. Reichsschenken.

1. Während ich bei K. Heinrich V. keinen Schenken nachweisen kann, wird bei K. Lothar 1128 der Schenk Konrad
Bacho genannt (B. 2103). Einen Zusammenhang mit später auftretenden Schenkenfamilien, in welchen der Name Konrad häufig
wiederkehrt, weiss ich nicht bestimmter zu begründen.

2. Unter K. Konrad III. wird Konrad Pris (v. Schipf) 1145
ausdrücklich Schenk genannt (B. 2259). Nur als Konrad Pris ist er
1142. 44 beim Könige (B. 2215. 33), dann 1146 (2263), wo Walter
von Schipf sein Bruder genannt wird, so dass schon er der später
vorzugsweise hervortretenden Schenkenfamilie angehört. Auf ihn
werden demnach auch wohl die Erwähnungen 1138. 41. 44 zu
beziehen sein, wo der Schenk nur Konrad heisst (Mon. Patr. Lib.
jur. Gen. 1. 57. Jaffe Konr. 214. B. 2232).

Seit 1146 erscheint Konrad nicht mehr; in zwei 1150 auf
demselben Hoftage zu Speier ausgestellten Urkunden heisst der
Schenk Reiner (B. 2284. Jaffe Konr. 217), ein Name, den ich
unter den Reichsministerialen dieser Zeit nicht nachzuweisen weiss;
später kommt der Name Reinhard bei denen von Lautern vor.

3. Bei K. Friedrich I. ist zuerst Schenk Hildebrand,
1152. 56. 57 vorkommend (Wirtemb. U. B. 2, 61. B. 2356. 74); ohne
Amtsnamen findet sich 1157 ein Hildebrand v. Helmscellingen beim
Kaiser (B. 2369), möglicherweise dieselbe Person.

4. Ein genaueres Auseinanderhalten der späteren Schenken
K. Friedrich's ist dadurch erschwert, dass alle denselben Namen
Konrad führen. Die ersten Erwähnungen scheinen einen Konrad
v. Ballenhusen zu treffen, da ein Conradus de Balensen 1164 Jän.
zu Faenza (B. 2483) ausdrücklich Schenk genannt wird. Ohne
Amtstitel finden wir 1161 in Italien C. Comes de Balnehusen, C. de
Balasse, 1162 C. de Baluhusen, Ballehusen (B. 2442. 64. Notizenbl.
1, 145. Affo Parma 2, 374). Der Grafentitel macht die Identität
bedenklich. Doch wurde dieser in Italien auch in Kaiserurkunden
mehrfach blossen freien Herren gegeben, so 1163 den Grumbach
und Leuchtenberg (B.2480). Einen Adalbert v. Ballenhausen finden
wir 1144 in Mainzer Urkunde unter den freien Herren (Guden C. D.
1,152.) ; Konrad v. Balunhusen 1166 in Kaiserurkunde unter freien

Herren oder Dienstmannen; dann 1170 wieder einen Grafen Adalbert von Balnehusen und seinen Sohn Konrad (B. 2519. 43). Doch gibt es auch Mainzer Ministerialen dieses Namens, 1189 einen Otto v. Ballenhusen (Ungedr.). Bei Annahme der Identität, für welche insbesondere spricht, dass in dieser Zeit kein anderer Konrad ähnlichen Namens erscheint, insofern 1164 C. de Gelluden nur Corrumpirung desselben Namens sein dürfte, würde demnach wohl der Fall vorliegen, dass ein freier Herr ein Dienstamt übernahm, wie sich ja auch sonst nachweisen lässt (vgl. V §. 4). Handelt es sich um ein anderes Geschlecht, so dürfte an das des späteren Schenken Konrad v. Waldhusen zu denken sein. Auf dieselbe Person wären dann zu beziehen die Erwähnungen eines Schenk Konrad 1163 zu Mainz (Beyer U. B. 1, 245), 1163, 64 auf dem italienischen Zuge (Muratori Antiq. It. 6, 245. B. 2490. 97).

5. Der nächste benannte Schenk Konrad ist K o n r a d K o l b o (v. Schipf), 1165, 68. (Mieris Charterb. 1, 108. Chmel Reg. Rup. 187. B. 2529). Zweimal werden hier neben ihm seine Brüder Ludwig und Beruger genannt; sicher treffen ihn demnach wohl noch die Erwähnungen 1172 zu Wirzburg (B. 2550. 51. 53), wo zweimal neben dem Schenken Konrad sein Bruder Ludwig erwähnt wird; noch wird 1165. 66. 68. 70. 71 Schenk Konrad ohne nähere Bezeichnung genannt (B. 2501. 19. 37. 44. 45. Lacomblet 1, 297).

Danach ist weiter nicht zu zweifeln, dass der in derselben Zeit 1165, dann 1167 in Italien erwähnte Schenk Ludwig (B. 2509. 24. 25) jener Bruder Konrad's ist, welcher seine Stelle vertrat und auch als L u d w i g K o l b o vorkommt (B. 2506. 62).

Dass, wie früher Konrad Pris, so auch Konrad Kolbo dem Geschlechte der Schipf angehörte, dürfte nicht zu bezweifeln sein. Schon das Amt legt das nahe; weiter der Umstand, dass die Reichsschenken von Schipf, Klingenberg, und Limburg Kolben im Wappen führen, woher jener zeitweise gebrauchte Name rühren mag. Wir finden weiter die vier Personennamen Walter, Konrad, Ludwig und Beringer sowohl bei den Kolben, als bei den Schipf, und zwar so, dass nie ein Kolbo und ein Schipf desselben Namens in ein und derselben Urkunde vorkommen, und manches die Annahme unterstützt, es habe sich dieselbe Person bald Kolbo, bald Schipf genannt. Walter v. Schipf, Bruder des Konrad Pris, ist beim Könige 1144. 46. 53. 54. 56 (B. 2233. 63. 334. 70. Wirtemb. U. B. 2, 61); dazwischen

1147 Walter Kolbo (Mon. Boica, 29, 297). Ein Konrad Kolbo findet
sich 1152 mit seinem sonst nicht genannten Bruder Siegfried. (Wirtemb. U. B. 2, 61); 1156. 64 Konrad v. Schipf (B. 2356. Lepsius
Naumburg 255); dann wie erwähnt der Schenk Konrad Kolbo mit
seinen Brüdern Ludwig und Beringer; zuletzt führt Ludwig 1173
den Namen Kolbo (B. 2562). Während dieser Zeit, wo der Name
Kolbo vorherrscht, verschwindet in an und für sich auffallender
Weise der Name Schipf aus den Urkunden; nur 1172 April zu
Wirzburg erscheint Konrad v. Schipf, während in drei anderen auf
demselben Hoflage ausgestellten Urkunden der Schenk Konrad,
zweimal mit seinem Bruder Ludwig, also identisch mit Konrad
Kolbo erscheint (B. 2550. 51. 52. 53). Alle vier Urkunden haben
ziemlich dieselben Zeugen; es ist kaum denkbar, dass hier nicht
Konrad v. Schipf identisch mit dem Schenken Konrad sein sollte,
zumal wir später den Schenken ausdrücklich so benannt finden. Ein
Ludwig und Beringer v. Schipf sind zwar in dieser Zeit nicht nachzuweisen; wohl aber finden wir seit 1210 die Brüder Walter,
Konrad und Beringer v. Schipf genannt, später auch einen Ludwig
v. Schipf. Alle diese Umstände dürften die Beziehung der Namen,
Kolbo und Schipf auf ein und dasselbe Geschlecht unzweifelhaft
machen.

Finden wir demnach 1182 in Wirzburger (Hansselmann Landesh. 1, 371), 1183 März in Kaiserurkunde (B. 2655) den Schenk
ausdrücklich Konrad v. Schipf genannt, so werden wir darin
wohl noch jenen Konrad Kolbo sehen dürfen; es sei denn, was mir
nicht wahrscheinlich ist, dass es sich um einen gleichnamigen Sohn
oder doch ein jüngeres Familienglied handelte. Identisch ist dann
aber auch der um Ende 1183 genannte Schenk Konrad v. Klingenberg (Klingenbure, Verci Marca 1, 25), da wir auch in der
folgenden Generation die Namen Schipf und Klingenberg wechselnd
von derselben Person gebraucht finden.

Die Erwähnungen eines nicht genauer bezeichneten Schenken
Konrad 1173 (B. 2562), 74 (Mon. Boica 29, 421. B. 2572), 77
(B. 2581), 78 (B. 2608), 79 (2612), 80 (B. 2624), 82 (B 2646.
48. Notizenbl. 1, 150), 83 (Mon. Germ. 4, 165.176) würden demnach
jene genaueren Erwähnungen verbinden und Konrad v. Schipf von
1165 — 1183 in ununterbrochener Dienstleistung zeigen. Ein
Bedenken würde sich nur daraus ergeben, wenn 1178 in Italien ein

Konrad de Maciis als Pincerna curie genannt wird (B. 2602) und wir in diesem eine andere Person zu sehen hätten; ich bezweifle aber in keiner Weise, dass uns nur eine Übersetzung des Wortes Kolben, mittellateinisch Macia oder Maza, vorliegt, und demnach vielmehr eine Bestätigung unserer Annahme.

6. Konrad von Schipf mag Ende 1183 oder Anfang 1184 gestorben sein; die folgenden Erwähnungen können sämmtlich Konrad v. Waldhusen treffen. Er wird zuerst 1184 März 15 C. pinc. de Walhusen genannt (Österr. Archiv 8, 328); 1185. 86 finden wir den Schenk nur Konrad genannt (B. 2684, 95); eben so 1188 Sept. 1 zu Allstedt (Niedersächs. U. B. 2, 27), dann aber Sept. 29 C. de Walthusen ohne Amtstitel (B. 2710), wo die Identität um so weniger einem Zweifel unterliegt, als die in der ersten Urkunde genannten Marschall Ekbert und Truchsess Hugo in der zweiten ebenfalls nur mit dem Geschlechtsnamen erscheinen. Nochmals finden wir ihn 1189 Februar 15 ausdrücklich als C. pinc. de Walthusen erwähnt (B. 2713). Er wird dem Geschlechte angehören, aus welchem 1181 auf der Burg Staufen Egeno und Adalbert v. Walthusen, 1193 zu Gmünd Albert, Konrad und Egeno v. Walthus beim Kaiser erscheinen (B. 2635. 2809), welches demnach zur eigentlichen staufischen Dienstmannschaft gehören und nach dem benachbarten Waldhausen im Amte Welzheim benannt sein dürfte. Die erste Erwähnung liesse an die thüringische Pfalz Walhausen denken; da wir aber nach dieser eine Kämmererfamilie benannt finden, welcher der 1188 mit dem Schenken Konrad in derselben Urkunde vorkommende Kämmerer Konrad angehören wird (vergl. IV § 12), so dürfte diese Beziehung für alle Erwähnungen, oder wenigstens für die erste sich kaum rechtfertigen (vgl. auch §. 4).

7. Andere vereinzelt in K. Friedrich's Urkunden vorkommende Schenken sind bischöfliche Hofbeamte. Schenk Iring 1168 zu Wirzburg (B. 2529) des Bischofs von Wirzburg (Reg. Boica 1, 273), Otto 1174 zu Bamberg (Mon. Boica 29, 417 (des Bischofs von Bamberg, Dietrich 1186 zu Gelnhausen (Lappenberg U. B. 1, 241) des Erzbischofs von Bremen (vergl. I §. 6), Dietrich 1187 zu Speier (Wirtenberg. U. B. 2, 244) des Bischofs von Speier (Remling U. B. 1, 98.102. 111. 115. Wirtenberg U. B. 2, 133. 141).

8. K. Heinrich VI. scheint bei Lebzeiten des Vaters in seiner Hofhaltung keinen Schenk gehabt zu haben. Zuerst und nur einmal

1191 April 10 auf dem Römerzuge wird dann ein Schenk Herdegen
v. Nürnberg erwähnt (Dümge Reg. 149), unzweifelhaft derselbe mit
dem 1174, 83 genannten Herdegen v. Grindlach (B. 2569. 2655),
da sich auch Lupold v. Grindlach 1156 vereinzelt von Nürnberg
nennt (Mon. Boica 29, 324), in dessen Nähe die Grindlach sassen.
Mitglieder des Geschlechtes finden wir oft am Hofe, aber sonst nie
mit einem Amtstitel.

9. Gegen Ende des Römerzuges 1191 November 3 zu Piacenza,
dann zu Mailand finden wir zuerst als Schenken Heinrich v. Lautern
(B. 2771. 73. 74); er. erscheint überaus häufig in den Urkunden
des Kaisers 1192 Februar bis 1193 December in Deutschland
(B. 2777. 79. 81. 82. 86. 89. 94. 95. 97. 800. 4. 8. 13. 14. 16.
Huillard 5, 1103. 2,769. Wirtenberg U. B. 2. 291); nach grösserer
Lücke 1194 December bis 1195 Februar in Sicilien (B. 2829. 32.
35. Margarin 2, 227); nach abermaliger Lücke 1195 October bis
1197 August fast ununterbrochen (B. 2861. 62. 67. 68. 69. 76. 80.
81. 86. 90. 91. 96. 97. Hodenberg Verden. G. Q. 2, 60. Remling U.
B. 1, 133. Bibl. Floriac. 3, 89. Huillard 2, 561. La Farina Studj 4,
306. Lünig R. A. 22, 814). Dass er sich 1195, 97 Henricus Kolbo
pincerna de Lutra nennt, woraus auf einen Zusammenhang mit dem
früheren Schenken Kolbo zu schliessen wäre (Ludewig G. Bulle
2, 782), dürfte auf einem Irrthum beruhen. Auch ein näherer Zusammenhang der Kolben v. Wartemberg, von denen sich 1215
Werner dictus Kolbo de Wartemberg, 1219 Werner Kolbo und
seine Brüder Ulrich und Merbodo finden (Huillard 1, 383. 660), mit
den Kolben v. Schipf dürfte nach den ganz abweichenden Personennamen kaum wahrscheinlich sein.

10. Von sonstigen vereinzelt erwähnten Schenken ist Johann
1195 wahrscheinlich Schenk des Abtes von Prüm (vgl. II §. 8).
Schenk Dietrich v. Apolda, 1195 zu Worms (B. 2866) ist
Schenk des Erzbischofs von Mainz, dessen Amt sich zunächst an Erfurt
geknüpft haben dürfte; von seinen Brüdern ist 1192 einer Vitzthum
zu Erfurt, ein anderer Kämmerer; auch später finden wir Mitglieder
des Geschlechtes in denselben Ämtern (Guden C. D. 1, 317. 522. 523.
Schultes Direct. 375. 478).

11. Unter K. Philipp finden wir als Reichsschenken Walter
v. Schipf, wahrscheinlich Sohn des Schenken Konrad (vgl. §. 5),
zuerst 1200 März 15 (Ph. n. 24), dann 1201 (n. 28), 1205

(n. 54. 60. 66), und 1207 (n. 105. 6. 8) zuletzt Nov. 2, wo er ausdrücklich Pincerna imperii heisst.

12. Ist Walter seltener beim Könige, als andere Hofbeamte, so kommt auch der schwäbische Schenk Eberhard v. Tanne nur vereinzelt 1198 Aug. 16 (Wirtemb. U. B. 2, 327) und 1205 Juli 16 als Schenk, dann Juli 30 ohne Amtstitel vor (Ph. n. 68. 72). Waren die Tanne schwäbische Ministerialen (vgl. II §. 15), so wird ihnen schon früher das Schenkenamt des Herzogthums zugestanden haben: mit dem Schenkentitel erscheint Eberhard 1197 bei Herzog Philipp (Wirtemb. U. B. 2, 321). Lag es in der Absicht Philipp's, ihn als Reichsschenken beizubehalten, so hat er nicht den Ansprüchen des Schenken des Vorgängers, sondern den Erbansprüchen der doch seit 1183 nicht mehr im Amte erscheinenden Schipf weichen müssen.

13. Bei K. Otto ist bis zu seiner allgemeinen Anerkennung kein Schenk aufzuweisen. Von 1208 Nov. 20 bis 1212 Mai 21 erscheint Walter v. Schipf oft in seinen Urkunden (O. n. 34. 35. 40. 45. 72. 76. 81. 87. 88. 90. 95. 98. 99. 100. 45. 47. 48. 72. Notizenbl. 1, 178); identisch mit ihm ist der vereinzelt 1209 genannte Schenk Walter v. Rötingen (n. 66), da Rötingen ein Besitz der Familie war.

Im Jahre 1210, wo sich eine Lücke im Vorkommen Walter's zeigt, erscheint mehrfach als Schenk sein Bruder Konrad v. Schipf, der seine Stelle vertreten haben wird (O. n. 120. 26. 35. 38. 44); neben Walter erscheinend führt weder er (n. 145) noch der dritte Bruder Beringer (n. 147) den Schenkentitel. Ausser den Schipf wird unter K. Otto kein Schenk genannt.

14. Während K. Friedrich II. in den übrigen Ämtern den Beamten K. Otto's andere bei seinem ersten Eintritte in Deutschland entgegenstellte, scheint das beim Schenk nicht der Fall gewesen zu sein; vielleicht, dass er des Übertrittes Walter's schon versichert war. Doch finden wir auch Walter v. Schipf nicht früher, als 1213 Febr. 14 mit den anderen Reichsbeamten beim Könige zu Regensburg; von da ab bis 1217 Febr. 17 ist er dann häufig beim Könige (H. 1, 242— 498. 930); dann noch einmal 1218 Jän. 3 (H. 1, 530); er dürfte bald nachher gestorben sein.

15. Konrad v. Schipf-Klingenberg fungirt als Konrad v. Schipf auch jetzt 1213, 15 vereinzelt bei Lebzeiten des Bruders und zwar als Pincerna imperii bezeichnet (H. 1, 281. 430); dass

Walter der eigentliche Träger des Reichsamtes war, erweist sein
ungleich häufigeres Vorkommen und der Umstand, dass Konrad neben
ihm unter den Zeugen vorkommend keinen Amtstitel führt (H. 1, 438.
496). Nach dem Abtreten Walter's finden wir 1218 Juli (H. 1, 552)
und später Konrad von Schipf als Reichsschenk. Dass er Bruder, nicht
etwa ein Sohn Walters ist, ergibt sich wohl daraus, dass 1220 mehrfach neben ihm Beringer als Bruder genannt wird (H. 1, 728. 30. 33);
Beringer v. Schipf führt 1219 vereinzelt auch selbst den Schenkentitel.

Im Jahre 1219 wird der Reichsschenk Konrad v. Klingenberg
genannt (H. 1, 626, 697); 1220 wieder von Schipf (H. 1, 728. 30.
33. 78. 927). Auf dem Römerzuge wird 1220 Nov. nur ein einziges
Mal ein Reichsschenk Konrad genannt (H. 2. 64), was bei dem so
regelmässigen Vorkommen der anderen Hofbeamten sehr auffallen
müsste, wenn er den Zug mitgemacht hätte; doch ist die Urkunde
auch aus anderen Gründen für gefälscht zu halten. Erst 1222
erscheint Konrad v. Schipf wieder bei K. Heinrich (H. 2, 746. 48).
Fanden wir schon früher den Namen Klingenberg vereinzelt
von einem Schipf gebraucht (§. 5), so lässt das Vorkommen 1223,
24 nicht bezweifeln, dass die Namen Konrad v. Schipf und v. Klingenberg nicht nur demselben Geschlechte, sondern auch derselben
Person angehören. Bei K. Heinrich erscheint 1223 Aug. 4, Sept.
30. 1224 Apr. 3, Nov. 12, 17. Dec. 28 als Schenk Konrad v. Schipf
(H. 2, 767. 81. 94. 811. 13. 19); dagegen heisst der Schenk Konrad v. Klingenberg 1223 Sept. 21, Oct. 8, 1224 Jän. 8, Dec. 4
(H. 2, 777. 86. 815. Reg. Boica 2, 135). Kommen die Namen
so wechselnd und in zeitlich so naheliegenden Urkunden vor, ohne
doch in irgend einer zusammenzutreffen, so können sie sich wohl nur
auf dieselbe Person beziehen.

Später heisst Konrad durchaus Schenk v. Klingenberg und ist
als solcher bei K. Heinrich 1225 (H. 2, 848), 27 (2, 905), 29
(3, 395). 30 (3, 405. 10. 32. 34), 31 (3, 444. 50. 55. 70). Dec.
1231 bis Mai 1232 ist er beim Kaiser zu Ravenna und auf den
folgenden Hoftagen (H. 4, 272. 73. 75. 90. 91. 324. 34. 39. 41).
Dann bei K. Heinrich in Deutschland 1232 (H. 4, 580. 560), 33
(4, 603. 14. 18. 19), zuletzt 1234 März 18 (H. 4, 645); weiter
noch 1235 Aug. beim Kaiser (H. 4, 761. 63). Da der Name jetzt ein
Jahrzehent lang aus den Urkunden verschwindet, und die späteren

Erwähnungen wohl einen gleichnamigen Sohn treffen, so dürfte er
bald nachher gestorben sein.

16. Neben Konrad erscheint in späteren Jahren der Schenk
Walter v. Schipf-Limburg; zuerst 1230 Apr. 9 bei K. Heinrich als Schenk v. Limburg; eben so 1232 Apr. bei Kaiser und König
zu Cividale (H. 3, 410. 4, 324. 568); 1232 Aug. findet sich beim
Könige Schenk Walter v. Schipf (H. 4, 580); dann Walter v. Limburg mehrfach im J. 1234 Mai 10 bis Aug. 18 (H. 4, 053. 56. 70.
74). In den Aufstand K. Heinrich's verwickelt, erscheint er 1235 und
1237 nur noch beim Kaiser, um sich desshalb abzufinden (H. 4,
760. 5, 73).

Darauf, dass die Limburg, wie die Klingenberg dem Geschlechte
der Schipf angehören, demnach es sich hier nur um einen Walter
handelt, welcher sich noch vereinzelt von Schipf nennt, deutet der
bei den Schipf so häufige Personenname Walter, die Lage der
Burgen in derselben Gegend, die Gleichheit der Wappen (vgl. Stälin
2, 600). Ein Siegel Konrad's v. Klingenberg 1260 stimmt auch in der
Fünfzahl der Streitkolben mit dem ihm sehr ähnlichen des Schenken
Walter v. Limburg 1237 (Mittheilung des Fürsten F. K. zu Hohenlohe-Waldenburg; vgl. dessen Monographie über das limburgische
Wappen, Taf. I, 1). Insbesondere würde sich aber sonst nicht
erklären, dass Walter v. Schipf nur in jenem einen Falle nachzuweisen ist; es würde ferner gar nicht zu erklären sein, dass ein
Schenk aus einem dem Amte bisher fremden Geschlechte aufträte,
ohne dass das Amt erledigt wäre oder der Herrscher wechselte. Das
Aufgeben des alten Geschlechtsnamens durch die Klingenberg und
Limburg erklärt sich daraus, dass die Stammburg in den Händen
eines andern Mitgliedes des Geschlechtes, des Ludwig v. Schipf,
war (H. 4. 762; vgl. Zeitsch. f. Wirtemb. Franken 5, 50. 75).

Was die Stellung Walter's zu Konrad betrifft, so werden wir
das gleichzeitige Führen des Amtstitels wohl nicht lediglich auf den
erst später bestimmt hervortretenden Brauch zurückführen dürfen,
wonach alle Familienmitglieder den Amtstitel führen; Ludwig v.
Schipf führt ihn nie. Walter wird ein Sohn jenes Walter v. Schipf
sein, welcher bis 1218 als Reichsschenk erscheint (§. 14). Beim Tode
des Vaters mag Walter noch unmündig gewesen sein, später dann
aber gegen den Oheim seinen Anspruch auf das Reichsschenkenamt
geltend gemacht haben, wenigstens durch Führen des Titels; denn

dieser bezieht sich nicht etwa, wie wir früher fanden, auf Stellvertretung des abwesenden Schenken (§. 13. 15), denn Konrad und Walter kommen neben einander mit dem Amtstitel vor (II. 3, 410. 4, 324. 580); hat nur im letzten Falle Walter den Vorrang, so erklärt sich das aus dem Alter des Oheims. Ein vorzugsweiser Anspruch Walters würde sich auch etwa daraus herleiten lassen, dass er im Besitze der Schenkenburg erscheint (H. 4, 760), welche doch in näherer Beziehung zum Amte gestanden haben wird. Ausdrücklich als Reichsschenk wird keiner von beiden in dieser Zeit bezeichnet. Walter kommt übrigens erst nach dem Verschwinden Konrad's aus den Urkunden K. Heinrich's häufiger bei diesem vor.

17. Aus der schwäbischen Schenkenfamilie finden wir vereinzelt 1214 März 12 Schenk Eberhard v. Tanne und neben ihm ohne Amtstitel Konrad v. Tanne genannt (H. 1, 295). Es dürfte noch derselbe sein, welcher bei K. Philipp als Schenk vorkam (§. 12); der später zu erwähnende Eberhard v. Tanne - Winterstetten, wohl Sohn jenes älteren Schenken, erscheint auch später nur als Nebenschenk des älteren Bruders Konrad, und würde hier schwerlich vorzugsweise als Schenk bezeichnet sein. Es wäre möglicherweise aber auch an Eberhard v. Tanne-Waldburg (II §. 15) zu denken, welcher erst 1214 Oct. als Truchsess nachzuweisen ist; in diesem Falle müsste ihm erst in der Zwischenzeit das Amt der Waldburg übertragen sein. Wahrscheinlicher ist es gewiss, in jenem Schenken ein Mitglied der später nach Winterstetten genannten Linie zu sehen. Aber auffallen muss, dass 1216 urkundlich ein Schenk Bertold v. Tanne erwähnt wird, während in demselben Jahre ein Bertold als Bruder des Truchsess Eberhard v. Tanne erscheint (Stälin 2, 618). Sind beide identisch, so würde demnach auch die wuldburgische Linie in Beziehung zum Schenkenamte stehen, könnte möglicher Weise auch schon jener Schenk K. Philipp's derselbe mit Eberhard v. Waldburg sein. Haben wir aber in Eberhard v. Waldburg, wie doch unzweifelhaft sein dürfte, den 1187, 1205 neben seinem Vatersbruder Eberhard genannten jüngern Eberhard zu sehen, so erhalten wir sowohl für den älteren als für den jüngeren einen Bruder Bertold, und es könnten jene Erwähnungen im Jahre 1216 zwei verschiedene Bertold treffen, der Schenk Bertold könnte Bruder des Schenken, Oheim des Truchsess Eberhard sein (vgl. Stälin 2, 617. 18). Trotz der vortrefflichen Vorarbeit, auf welche wir uns

hier stützen können, bleibt Manches in dem verwandtschaftlichen Zusammenhange unklar.

18. Konrad v. Tanne-Winterstetten findet sich als Konrad v. Winterstetten 1214 — 1220 ohne Amtstitel oft beim Kaiser (H. 1, 321. 87. 472. 500. 59. 613. 79. 81. 83. 722. 24. 920). Er wird derselbe sein mit dem Konrad v. Tanne 1214, 15 (H. 1, 295. 389). Denn dass die Winterstetten ein Zweig der Tanne sind, ist nicht zu bezweifeln; es sprechen dafür Amt und Wappen; in zwei an demselben Tage 1215 Juni 20 ausgestellten Urkunden (H. 1, 387. 89) finden wir in derselben Stellung unmittelbar neben dem Truchsess Eberhard einmal Konrad v. Winterstetten, das anderemal Konrad v. Tanne genannt; die Ursperger Chronik sagt: der Kaiser habe seinen Sohn anvertraut Cunrado de Tanne pincernae et ministeriali suo in castro Winterstetten ; vereinzelt heissen noch 1223 Konrad und Eberhard Pincerne de Tanne und Fratres de Tanne (H. 2, 777. 80), dann 1225 Eberhard Pincerna de Thenne (H. 2, 508), wo die Identität mit den gleichnamigen Schenken v. Winterstetten keinem Zweifel unterliegen kann.

Konrad führt zuerst 1220 Juni 2 den Schenkentitel (H. 1, 792), was um so auffallender ist, da wir seit 1214, wenn wir von dem in verdächtiger Zeugenreihe 1218 vorkommenden Schenk Eberhard v. Winterstetten absehen (H. 1, 542. vgl. I §. 17, II §. 18), keinen schwäbischen Schenken beim Kaiser finden. Vielleicht, dass, wenn vor ihm sein Vater Eberhard Schenk war, dieser bejahrt nicht mehr am Hofe erschien; doch würde nach ähnlichen Fällen zu schliessen dann wohl auch Konrad den Titel geführt haben. Eher würde sich der Umstand erklären, wenn das Amt früher bei der waldburgischen Linie war und erst jetzt ausdrücklich auf die Winterstetten übertragen wurde.

Konrad erscheint dann 1222 Apr. 24 bis 1234 Aug. 21 fast ununterbrochen beim K. Heinrich (H. 2, 736 — 909. 3, 311—475. 4, 558—676) und begleitete ihn 1232 nach Italien, wo er Apr. Mai auch in kaiserlichen Urkunden vorkommt (H. 4, 324. 34. 39. 41).

Neben ihm erscheint häufig sein Bruder Eberhard v. Tanner-Winterstetten, zuerst, wenn wir von dem verdächtigen Vorkommen 1218 absehen, 1220 Jänner 4, beide ohne Amtstitel (H. 1, 722). Dann ist Eberhard 1223 beim Kaiser in Italien, im Jän. als Schenk bezeichnet, im März ohne Amtstitel; nochmals ist er

1225 Juli als Schenk von Thenne beim Kaiser (H. 2, 296. 339.
508). Die Dienstleistung am kaiserlichen Hofe, wo in dieser Zeit
kein anderer Schenk vorkommt, mag Veranlassung geworden sein,
auch in Deutschland in königlichen Urkunden den Schenkentitel des
Bruders auf ihn auszudehnen. Wo 1223, 24, 25 beide neben einander vorkommen, heissen beide Schenken (H. 2, 777. 94. 830)
oder führen beide keinen Amtstitel (H. 2, 780. 854), nur einmal
heisst es C. pincerna et E. fratres de Winterstetten (H. 2, 829).
Überaus häufig erscheinen dann beide neben einander als Schenken
v. Winterstetten 1226 März 31 bis 1227 Juli 17 (H. 2, 873—909.
3, 311—337). Aber während Konrad häufig allein beim Könige
erscheint, ist das bei Eberhard nicht der Fall; nur in einer Urkunde
1228 würde er auch bei K. Heinrich allein den Schenkentitel führen
(H. 3, 386); aber sie ist durchaus verdächtig und bei dem sonstigen
völligen Verschwinden Eberhard's aus den Urkunden seit 1227 Juli
wohl anzunehmen, dass er kurz darauf gestorben ist. Als eigentlichen Träger des Amtes werden wir doch Konrad zu betrachten
haben.

Dass sich das Schenkenamt der Winterstetten zunächst auf das
Herzogthum Schwaben bezog, ist um so weniger zu bezweifeln, als
Konrad sich im Siegel 1222 Pincerna in Suevia, und sein Nachfolger
Konrad v. Schmalneck-Winterstetten 1243 Pincerna ducatus Sueviae
nennt (Stälin 2, 630. 637). Vereinzelt heissen aber auch Konrad
und Eberhard 1226 imperialis aulae pincernae, Konrad 1229 pincerna regis und 1239 imp. aulae pincerna (H. 2, 885. 3, 397.
Stälin 2, 636). Insbesondere scheint man auch in der Zeugenstellung
den Vorrang des Reichsschenken von dem schwäbischen nicht
beachtet zu haben; Konrad findet sich zumal später fast eben so oft
vor (H. 3, 395. 450. 4, 334. 39. 41. 656. 761. 63) als hinter (2,
777. 81. 94. 848. 3, 405. 55. 4, 324. 653. 70. 74) den Schenken
von Limburg und Klingenberg; einmal steht er zwischen beiden (4, 580).

19. Auf K. Friedrich's Römerzuge finden wir keinen Schenken
genannt; erst in Unteritalien 1221 März 3 bis Juni wird mehrfach
Schenk Friedrich v. Staufen genannt (H. 2, 139. 41. 49. 80.
88), den wir wohl als Stellvertreter des Reichsschenken zu betrachten
haben. Später erscheint beim Kaiser, ausser wo ein Reichsschenk
oder schwäbischer Schenk an seinem Hofe ist, kein Schenk mehr;

auch ein sicilischer Schenk, wahrscheinlich corrumpirt Vimigner-
tus genannt, ist nur einmal 1232 nachzuweisen (H. 4, 374. vgl.
Introd. 150).

20. K. Heinrich erwähnt 1223 den verstorbenen Gerhard
v. Erpach als seinen Ministerialen und Schenken in einer Urkunde
in welcher er den jüngern Sohn und die ältere Tochter desselben
dem Pfalzgrafen, Herzoge von Baiern schenkt (H. 2, 763), wie denn
später die Erpach als pfälzische Schenken erscheinen. Da sonst nie
ein Erpach als kaiserlicher Schenk erwähnt wird, so kann seine
Stellung nur eine untergeordnete gewesen sein. Den 1234 vereinzelt
vorkommenden Schenk Johann (H. 4, 699) wiesen wir bereits als
Schenken des Bischofs von Wirzburg nach (II §. 10). Die Erwähnung
des Schenken Heinrich v. Lautern, angeblich 1223 (H. 2, 770),
gehört in die Zeit K. Heinrich's VI. (vgl. II §. 18).

21. Bei K. Konrad IV. finden wir den Schenk Walter
v. Limburg 1239, 41 (H. 5, 186. 6, 824) und mit ihm zusammen
1245. 46 den Schenk Konrad v. Klingenberg (H. 6, 864.
65. 74). Auch bei Konradin erscheint 1266 Walter und 1267
Konrad v. Limburg (Mon. Boica 30, 352. 55. 64). Von schwäbischen Schenken kommt Konrad v. Winterstetten 1239, 40,
dann zuletzt 1242 Mai beim Könige vor (H. 5, 1186. 96. 1200. 3. 4.
7. 6. 832). Er muss bald nachher gestorben sein; denn sein Schwiegersohn Konrad v. Schmalneck heisst schon 1243 Februar
Pincerna ducatus Suevie (Stälin 2, 637) und ist 1245 November
als Schenk beim Könige (H. 6, 864); später kommt er urkundlich nicht mehr vor. Von seinen Söhnen ist Schenk Konrad
v. Winterstetten 1248 beim Könige; den ältern finden wir als
Schenk Heinrich v. Schmalneck 1267 bei Konradin (Mon. Boica
30, 361), wie er auch sonst allein vorkommend den Geschlechtsnamen des Vaters führt; bei Konradin 1266 mehrfach zusammen
vorkommend heissen beide Schenken v. Winterstetten (Mon. Boica
30, 347. 52. 53. 55); auch auf einen dritten Bruder Hermann
v. Winterstetten finden wir urkundlich den Schenkentitel ausge-
dehnt (vgl. Stälin 2, 638).

22. Was die Gegenkönige betrifft, so wird zwar in einer von
K. Heinrich Raspe nach seiner Wahl 1246 ausgestellten Urkunde
Konrad v. Winterstetten als Zeuge genannt (Reg. Henr. n. 3),
aber ohne Amtstitel; und es ist kaum wahrscheinlich, dass er sich

ihm angeschlossen habe. Bei K. Wilhelm finden wir dann seit 1249
(Mon. Germ. 4, 365) als Schenken den jungen Werner v. Boland,
Sohn des Truchsessen; das Amt mag absichtlich jemandem Übertragen sein, welcher Erbansprüche auf ein anderes Amt hatte, um
nicht Ansprüche zu begründen, welche bei einer Unterwerfung des
Erbschenken schwerer wieder zu beseitigen waren. Nach urkund-
licher Angabe war Walter v. Limburg auch 1255 wirklich beim
Könige zu Speier, ohne d..as dort Verhandlungen, welche zunächst
Streitigkeiten bezüglich der Stadt Hall betrafen, sich aber auch auf
das Schenkenamt bezogen haben mögen, schon zu vollem Abschlusse
gelangten (Ludewig Goldne Bulle 2, 795); auf dem Speierer Tage
selbst erscheint der junge Werner noch als Schenk (Reg. Wilh. n.
239) und der Schenk v. Limburg ist auch später weder bei
K. Wilhelm noch bei K. Richard nachzuweisen. Da aber letzterer,
nachdem Werner im Truchsessamte gefolgt war, keinen andern
Schenken ernannt zu haben scheint, da weiter die Linie der Schenken
v. Klingenberg (vgl. Wenck Hess. L. G. 1, 302) keine Ansprüche
auf das Amt erhoben zu haben scheint, so war das Feld für die
v. Limburg frei, welche später unbestritten als Reichserbschenken
erscheinen, bis nach dem Aussterben des Mannsstammes das Amt
1714 an die Grafen von Althann kam.

IV. Reichskämmerer.

1. Bei K. Heinrich V. finden wir 1123 den Kämmerer Egeno
(B. 2080); bei K. Lothar 1134 den Cubicularius Anno (B. 2134);
auf dem zweiten Zuge nach Italien 1137 werden erwähnt der Vestia-
rius Amfred und Mansionarius Bertulf (Petr. Diac. l. 4, c. 109),
letzterer wahrscheinlich derselbe mit dem Bertold, welcher kurz
nachher Camerlengus imperatoris heisst (B. 2176).

2. Als Kämmerer K. Konrad's III. erscheint 1138. 41. 44. 45
Tibert ohne Geschlechtsnamen (Mon. Patr. L. jur. Gen. 1, 57. Jaffe
Konr. 214. B. 2232. 49. Mutte Mémoire pour m. l'archevêque de
Cambrai 14). In zwei 1150 Febr. auf demselben Hoftage zu Speier
ausgestellten Urkunden finden wir in der einen den Kämmerer
Tibert v. Weinsberg (B. 2288), in der andern Tibert de Lin-
bah genannt (Jaffe Konr. 217), richtiger wohl Tibert v. Lindach,
wie der Name 1151 ohne Amtstitel in einer aus dem Originale abge-

druckten Urkunde vorkommt (Mon. Boica 29, 302); 1150 Aug.
findet sich auch Tibert v. Weinsberg ohne Amtstitel (B. 2288). Da
der Name Lindach sich sonst unter den Reichsministerialen nicht
findet, die in bairischen Urkunden häufig vorkommenden Lindach
wittelsbachische Ministerialen sind (Mon. Boica 8, 393. vgl.
Index 413), so dürften bei der Gleichheit der Personennamen und jenem
Vorkommen in nächstliegenden Urkunden beide Tibert für identisch
zu halten sein; ein Lindach wird in dem reichsritterschaftlichen
Canton an der Kocher erwähnt, nach dem sich die Weinsberg genannt
haben könnten. Auch die früheren Erwähnungen ohne Geschlechtsnamen werden sich auf Tibert von Weinsberg beziehen; sehr häufig
kommt allerdings auch ein Tibert v. Spilenberg bei K. Konrad vor,
doch scheint er nicht allein zu den freien Herren zu gehören, sondern
wird mehrfach in derselben Urkunde neben dem Kämmerer Tibert
aufgeführt (B. 2249. 80. Mutte Mémoire 14).

Die Weinsberg verschwinden in der nächsten Zeit aus den
Kaiserurkunden, kommen erst 1182 (B. 2643) und dann häufiger
wieder vor, aber nie mit dem Amtstitel; der Grund wird darin zu
suchen sein, dass sie zunächst zur ostfränkischen Dienstmannschaft
gehörend, nach K. Konrad's Tode an Herzog Friedrich v. Rotenburg
kamen, unter dessen Ministerialen 1166 Engelhard v. Weinsberg
erscheint, aber nicht als Kämmerer, sondern als Schenk (Wirtemb.
U. B. 2, 152).

3. Neben Tibert erscheint 1145 in derselben Urkunde Kämmerer Wichnand v. Schonenberg, camerarius noster de Sco-
nemberg (Mutte Mémoire 14). Es wäre wohl zunächst an Schonenburg, Schönberg bei Oberwesel zu denken; die Burg wurde freilich
erst 1166 von Magdeburg für das Reich ertauscht (B. 2514. 19),
mochte aber immerhin schon früher thatsächlich in den Händen des
Reiches sein.

4. Wieder erscheinen 1150 neben einander als Camerarii zusammengefasst Tibert und Konrad v. Walhusen (Jaffe Konr. 217);
in zweiter gleichzeitiger Urkunde, in welcher Tibert Kämmerer
heisst, heisst Konrad Camerarius noster a thesauris (B. 2284). Auf
ihn dürfte sich auch die Erwähnung eines Kämmerer Konrad 1152
beziehen (B. 2298), da wir schon hier sahen, dass Kämmerer und
Triskämmerer im Titel nicht immer scharf geschieden werden. Den
Namen führt Konrad unzweifelhaft von der sächsischen Pfalz Wal-

husen; wir finden ihn beim Könige ohne Amtstitel 1134 zu Allstedt, 1145 zu Merseburg (B. 2136. Schultes Direct. 2, 61); 1151
bestätigt der König zu Würzburg, aber unter Zuziehung nur säch-
sischer Zeugen einen Tausch zwischen dem Burggrafen von Magdeburg und Konrad Ministerialis noster de Walchusen (B. 2294).

5. Unter K. Friedrich I. finden wir zumal in den früheren
Jahrzehnten mehrere Kämmerer wechselnd und neben einander, so
dass es kaum statthaft scheint, nur je einen von ihnen jeweilig als
eigentlichen Träger des Amtes zu betrachten. Wollen wir darauf nicht
überhaupt verzichten, so werden wir nach der Häufigkeit ihres Vorkommens, welches auch keine grösseren Lücken zeigt, die von Siebeneich vorzugsweise als Reichskämmerer zu betrachten haben.

Kämmerer Hartmann v. Siebeneich erscheint sogleich das
erste Mal 1153 Jän. 27 mit Amtstitel und Geschlechtsnamen, dann
1154 nur mit dem Geschlechtsnamen (B. 2319. 34). Nur als Kämmerer Hartmann finden wir ihn weiter 1157 (B. 2374), 62 (2459.
62. 64), 64 (Verci Ezelini 3, 39 unecht), 66 (B. 2514), 68 (Lacombl.
1, 297), 71 (B. 2545), 74 (2572), zuletzt 1177 zu Venedig (Baur
Hess. Urk. 1, 62). Auf dem italienischen Zuge 1167, 68, wo Hartmann nach der Erzählung des Otto v. S. Blasien (Böhmer Fontes
3, 600. vgl. Godefr. Vilerbiensis carmen de gestis Fr. 49) dem Kaiser
das Leben gerettet haben soll, weiss ich ihn urkundlich nicht nachzuweisen, sondern nur die Kämmerer Rüdiger und Rudolf v. Siebeneich
(B. 2524. 25). Ein Hartmann von Siebeneich, Sohn Manegold's und
Bruder Manegold's, findet sich in derselben Zeit häufig unter den
welfischen Ministerialen (Mon. Boica 3, 322. 10, 16. 20. 25. vgl.
Index. u. Wirtemb. U. B. 242. 328); sie scheinen sich von Sim-
mach an der Wertach genannt zu haben. Keinenfalls ist Hartmann
identisch mit dem Reichskämmerer; doch legt die Gleichheit der
Namen die Annahme näher, dass es sich um einen Zweig desselben
Geschlechtes gehandelt habe, welcher etwa durch K. Friedrich's
welfische Mutter in staufische Dienste gekommen wäre. Doch findet
sich ein Siebeneich, abgesehen von dem im Etschlande, auch
zwischen Weinsberg und Öhringen, in Ostfranken, also in der Gegend,
welcher die in dieser Zeit am bedeutendsten hervortretenden Reichsministerialen vorzugsweise angehören.

6. Neben Hartmann wird 1177 zu Venedig sein Bruder Rudolf
genannt (Baur. Hess. Urk. 1, 62); auf diesen Rudolf v. Sieben-

eich den Ältern dürften sich die Erwähnungen eines Kämmerer
Rudolf 1165. 67 (B. 2509. 25) beziehen, sicher auch wohl noch
1178 Jun. Juli zu S. Miniato und Arles (B. 2602. 8); wir hätten in
ihm zunächst den Stellvertreter des Bruders zu sehen. Wir finden
dann weiter einen Kämmerer Rudolf 1182 (B. 2643); im April 1183
finden wir ihn unter den Reichsboten, welche zu Piacenza mit den
Lombarden verhandeln (Muratori antiq. It. 4, 291), wie er später die
Sühne Alessandria's beschwor (Mon. Germ. 4. 181). Vom Constanzer
Tage 1183 Juni bis 1186 Juni 22 zu Varese finden wir ihn dann
so regelmässig heim Kaiser, wie keinen der anderen Hofbeamten
(B. 2657. 58. 59. 68 — 71. 78. 80. 82 — 88. 91. 94. 95. 96.
Huillard 5, 193. Biancolini 5 a, 106. Verci Marca 1, 32. Notizenbl.
1, 178. 2, 370). Dann erscheint erst wieder 1189 in zwei Urkunden
Kämmerer Rudolf von Siebeneich (B. 2714. 15), neben welchem in
der zweiten sein Bruder Hartmann genannt wird. Stellung und Fehlen
des Amtstitels verbieten hier an den ältern, ja ohnehin seit zwölf
Jahren aus den Urkunden verschwundenen Hartmann zu denken;
dagegen würde die Annahme, dass in Rudolf und Hartmann Söhne
des älteren Hartmann, Neffen des älteren Rudolf zu sehen seien,
durchaus dem Herkommen entsprechen, dem ältesten Sohne den Namen
des Grossvaters, dem zweiten den des Vaters zu geben. Sehr zweifelhaft muss es nun aber scheinen, ob und welche der früheren Erwähnungen sich auf diesen Rudolf v. Siebeneich den Jüngern
beziehen. Der Abschnitt dürfte in die Lücke zwischen 1178 und
1182, oder in die zwischen 1186 und 1189 fallen. Für ersteres
würde etwa sprechen, dass, wenn von einer strengen Erbfolge im
Amte auch nicht wohl die Rede sein kann, doch nach dem Abtreten
des Vaters der Übergang auf den Sohn näher liegt, als auf den Bruder, und dass das Wiederauftreten Rudolfs unter der folgenden
Regierung in einer Weise erfolgt, welche auf längeren Besitz des
Amtes schliessen lassen dürfte.

7. Von den übrigen bei K. Friedrich I. erscheinenden Kämmerern können wir nun manche als nur zeitweise in Abwesenheit der
Siebeneich dienstthuend betrachten; vier von ihnen kommen aber
nicht allein häufiger vor, sondern werden auch neben den Siebeneich
als Kämmerer bezeichnet, so dass sie in einer von der Abwesenheit
dieser unabhängigen Beziehung zum Amte gestanden haben müssen
und sich allen gegenüber nicht einmal ein Vorrang der Kämmerer

von Siebeneich würde begründen lassen. Alle vier finden wir 1162 (B. 2459, vollständiger Mon. Patr. L. jur. Gen. 1, 210) neben Hartmann als Kämmerer bezeichnet.

Bertold (v. Schonenberg), auch Bertolf, kommt vor 1162 (B. 2459. 64), 63 (2472), 65 (Mieris Charterb. 1, 108), 68 (B. 2529). In allen diesen Fällen wird er ausdrücklich als Triscamerarius bezeichnet, so dass er das nur vereinzelt vorkommende Amt des Schatzkämmerers bekleidete und sein Vorkommen für die Frage nach der Einheit des Kämmereramtes nicht in's Gewicht fällt. Neben Hartmann vorkommend, steht er ihm in einem Falle vor, in einem andern nach (B. 2459. 64). Er führt nie einen Geschlechtsnamen; einen Bertold v. Schonenburg finden wir ohne Amtstitel 1165, 70 unter den Reichsministerialen (B. 2508. 35); ihn für dieselbe Person zu halten liegt um so näher, als wir dem Namen schon früher (§. 3) im Kämmereramte begegneten.

8. Am auffallendsten ist das Erscheinen des Kuno v. Minzenberg als Kämmerer. Wir finden ihn als solchen ohne Geschlechtsnamen 1162. 65 (B. 2459. Mieris 1, 108), mit demselben 1165. 68 (B. 2501. 29); ohne Amtstitel 1156. 66 (Mon. Boica 29, 324. B. 2512. 17). Auch später finden wir ihn 1170. 73. 74 (B. 2535. 61. 66. Mon. Boica 29, 421) beim Kaiser, dann seit 1180 (Notizbl. 2, 134) bei K. Friedrich I., Heinrich VI. und Philipp so oft, wie kaum einen andern Grossen, was sich daraus erklärt, dass er ständiges Mitglied des kaiserlichen Rathes gewesen zu sein scheint (vgl. Gislebert. Hanon. ed. Duchasteler 127).. Aber niemals führt er mehr den Kämmerertitel, was um so mehr auffallen muss, als dann 1209 sein Sohn Kuno unter Umständen als Kämmerer auftritt, welche die Annahme nahe legen müssen, er habe einem im Amte befindlichen Kämmerer gegenüber althergebrachte Ansprüche geltend gemacht, dann auch das Geschlecht im Besitze des Reichsamtes verbleibt. Als stellvertretender Kämmerer kann Kuno um so weniger gefasst werden als er nur neben andern Kämmerern den Titel führt; dabei steht er 1162 den Kämmerern Hartmann, Rüdiger und Sigebod vor, sogar durch den Vogt von Achen von ihnen getrennt (B. 2459), wie 1165 zwischen ihm und dem Kämmerer Rüdiger der Schenk und Truchsess stehen (B. 2501); dem Triskämmerer steht er zweimal nach (B. 2459. 2529) einmal vor (Mieris 1, 108). Alle diese Umstände könnten die Annahme nahe legen, es habe dem Geschlechte schon in

dieser Zeit ein Erbanspruch auf das oberste Kämmereramt zugestanden,
welcher nur hier und da im Titel hervortritt, während thatsächlich
ein anderer Kämmerer das Amt versah. Aber weder bei seinem
Vater, Konrad v. Hagen, welcher schon bei K. Lothar und dann
überaus häufig bei K. Konrad erscheint, noch bei Eberhard v. Hagen,
welcher sich bis in die fränkische Zeit zurück verfolgen lässt, finden
wir jemals den Amtstitel.

9. Den Kämmerer Rüdiger finden wir 1162 (B. 2459. 62),
64 (2490. 97), 65 (2501), 67 (2524. 25), 69 (2533). Wir
werden ihn etwa als einen zweiten dienstthuenden Kämmerer zu
betrachten haben, da er nicht blos Kuno, sondern auch Hartmann
nachsteht (B. 2459. 62), während 1167 er und der nachstehende
Rudolf, welchen wir in dieser Zeit nicht als ersten Kämmerer
betrachten dürfen, als Camerarii zusammengefasst werden. (B. 2525).
Zur Bestimmung seines Geschlechtes fehlen mir bestimmtere Anhalts-
puncte; unter den Reichsministerialen finde ich den Personennamen
nur 1158. 74. 87 bei Rüdiger Vogt v. Hagenau (B. 2391. Wördt-
wein N. Subs. 10, 49. Mone Zeitschr. 11, 14).

10. Der Kämmerer Sigebod v. Groitsch erscheint zuerst
ohne Geschlechtsnamen zweimal 1162 in Italien neben Hartmann
und Rüdiger und beiden nachgestellt. (B. 2459. 62); ohne Amtstitel
finden wir 1168 beim Bischofe v. Naumburg, 1172 beim Kaiser zu
Altenburg Friedrich und Sigebod v. Groiz (Schultes Direct. 2, 199.
231); Kämmerer Sigebod 1177 zu Ravenna und Hartmann nachgestellt zu Venedig (B. 2581. Baur Hess. Urk. 1.62); 1180 zu Gelnhausen Kämmerer Sibodo v. Groix (B. 2624); 1181 zu Altenburg Kämmerer Sigbod mit seinen Brüdern v. Groits (B. 2637. 38). Dass es
sich um einen Reichministerialen handelt ist nicht zu bezweifeln, da
auch Friedrich 1171, 81 ausdrücklich als solcher bezeichnet wird
(Schultes Dir. 2, 217. 272); auffallen kann daher, dass sie sich
nach Groitsch bei Pegau nennen, welches damals dem Grafen Dedo
v. Rochlitz oder Groitsch gehörte. An Greiz, welches zu den Reichs-
gütern im Pleisserlande gehört haben wird, ist doch wohl nicht zu
denken, da Friedrich seine Besitzungen vorzugsweise in der Gegend
von Pegau zu haben scheint (Schultes Dir. 2, 272).

11. Kommen die bisher besprochenen Kämmerer auch neben
einander vor, haben wir uns dieselben als gleichzeitig im Dienste zu
denken, so erscheinen andere nur vereinzelt und in Fällen, wo keiner

von jenen am Hofe ist. Anselm (v. Speier) erscheint 1153 zu
Constanz beim Vertrage mit dem Papste als Anselmus camerarius et
ministerialis regni (B. 2322); da kein anderer Ministerial Zeuge ist,
so wird er derselbe sein, von dem es im Vertrage heisst, dass der
König unum de maioribus ministerialibus regni für sich denselben
beschwören liess. Dann wird 1156 zu Speier beim Kaiser Anselmus
camerarius Spirensis genannt (B. 2356). Da sich kein anderer
Kämmerer dieses Namens findet, so wird doch auch die erste
Erwähnung auf den Anselm zu beziehen sein, welcher von 1148
bis 1166 oft als Kämmerer der Bischöfe von Speier erscheint und
gewöhnlich die Reihe der Ministeriales ecclesie Spirensis eröffnet
(Remling U. B. 1, 95. 98. 102. 111. 112. 115. Wirtemb. U. B. 2,
104. 108. 133. 141). Auffallen muss nur, dass er dort ausdrücklich
als Reichsministerial bezeichnet wird. In einer 1174 zu Seon in
Gegenwart des Kaisers ausgestellten Urkunde heisst Regilo ausdrücklich Camerarius imperatoris (Reg. Boica 1, 284); es wird
doch derselbe sein, welcher 1159 Kämmerer des Bischofs v. Regensburg ist (Ried Cod. dipl. 1, 231) und wieder 1180 zu Regensburg
in Kaiserurkunde als Kämmerer vorkommt (B. 2626). Dudo von
Worms, 1180 zu Strassburg als camerarius Wormatiensis vorkommend (B. 2619), mag zunächst Kämmerer des Bischofs v. Worms
gewesen sein, dessen Namen ich in dieser Zeit nicht nachzuweisen
weiss. Doch nannten sich auch Reichsdienstmannen nach Worms, von
welchen Hugo Wormatiensis oder de Wormatia in Kaiserurkunden
mehrfach vorkommt (B. 2695. 2871. Wirtemb. U. B. 2, 301. 312)
und bei K..Heinrich VI. in hoher Gunst stand (Aegid. Aureae Vallis
ap. Chapeaville 2, 153). Derselbe dürfte Kämmerer Dudo in zwei
Kaiserurkunden 1182 zu Mainz sein (B. 2647. 48), da eine von
ihnen Worms betrifft und vorzugsweise Zeugen von daher nennt;
doch hiess auch der damalige Stiftskämmerer von Mainz Dudo
(Guden. Cod. dipl. 1, 270. 292).

12. Andere stehen in keiner Beziehung zu den Reichskirchen.
Wilhelm v. Aachen heisst nur einmal 1175 zu Pavia Camerarius
et advocatus Aquensis (B. 2575), während er sonst in Kaiserurkunden
immer nur als Vogt v. Aachen bezeichnet wird (B. 2459. 2532. Mutte
Mémoire 24. Lacomblet 1, 328. 348); eine nähere Beziehung zum
Kämmereramte liesse sich vielleicht auch darin finden, dass er 1182
die Reihe der neben einander genannten fünf Kämmerer unterbricht

(B. 2459, vgl. §. 8). Konrad (v. Walhusen) erscheint ohne Geschlechtsnamen als Kämmerer 1188 Sept. zu Allstedt und Nordhausen
(Niedersächs. U. B. 2, 27. B. 2710); der Umstand, dass wir schon
früher einen Kämmerer Konrad v. Walhusen fanden (§. 4), in Verbindung mit dem Ausstellungsorte dürften jenen Geschlechtsnamen
nahe legen. Kurz nachher 1188 zu Gernrode finden wir den
Kämmerer Dietrich v. Mühlhusen (B. 2711); Ausstellungsort
wie spätere Erwähnungen deuten bestimmt auf das dem Reiche
gehörende' sächsische Mühlhausen. Ein Kämmerer Marquard
v. Neuenburg (Niwinburch), welchen ich in Urkunden nicht
genannt finde, begleitete den Kaiser auf dem Kreuzzuge (Ansberti
hist. ed. Dobrowsky 66. 70).

13. Die übrigen vereinzelt in Urkunden K. Friedrich's vorkommenden Kämmerer scheinen fürstliche Hofbeamte ohne nähere
Beziehung zum kaiserlichen Hofe zu sein; Herold 1168, 72 zu
Wirzburg (B. 2529, 53) des Bischofs v. Wirzburg (Reg. Boica 1,
261. 63. 71 u. s. w.); Burchard und Atzo, 1180 zu Regensburg
neben dem schon erwähnten Regensburger Kämmerer Regilo genannt
(B. 2626), welche ich nicht bestimmter nachweisen kann; Otto,
1182 zu Augsburg (B. 2653), dürfte Kämmerer des dortigen
Bischofs sein; Heinrich 1186 zu Gelnhausen (Lappenberg U. B. 1,
241) ist Kämmerer v. Bremen (vgl. I §. 6); Dudo, 1187 zu
Speier (Wirtemb. U. B. 2, 244) neben dem Speierer Schenken
Dietrich genannt, wird der Speierer Kämmerer dieses Namens
(Remling U. B. 1, 121. Wirtemb. U. B. 2, 253. 254) sein, nicht der
oben (§. 11) erwähnte Dudo von Worms.

14. Als Kämmerer K. Heinrich's VI. erscheint schon bei Lebzeiten des Vaters zuerst 1187 Nov. 9 (Huillard 5, 353) Heinrich
v. Lautern, weiter 1189. 90 (Notizenbl. 2, 178. B. 2742); dann
oft auf dem Römerzuge 1191 Jan. 21 — Apr. 10 (B. 2748. 49. 50.
52. 53. 57. 58. Dümge Reg. 149). Es ist also ein Heinrich v. Lautern 1184 — 1186 Marschall K. Friedrich's (I §. 4), 1187 bis
1191 Kämmerer und Ende 1191 — 1197 Schenk (III §. 9) K. Heinrich's. Dieses genaue Ineinandergreifen der Jahre, während zugleich
in keiner Urkunde zwei Heinrich v. Lautern neben einander vorkommen, wird keinen Zweifel lassen, dass es sich hier um ein und
dieselbe Person handelt. Heinrich, anfangs Marschall des Kaisers,
mochte ein treu erprobter Dienstmann sein, welchen der Kaiser in

der Umgebung des Sohnes zu sehen wünschte; scheinen die Lautern zunächst in das Marschallamt gehört zu haben (I §. 4. 9), so war dieses bei K. Heinrich besetzt, während vor 1187 kein Kämmerer bei ihm vorkommt. Der weitere Übergang Heinrich's zum Schenkenamte dürfte sich nun etwa daraus erklären lassen, dass Rudolf v. Siebeneich, der letzte Kämmerer des Kaisers, nach dessen Tode Ansprüche auf Fortführung des Amtes erhob. Denn Jän. 1191 finden wir beim Könige Rudolf als Kämmerer und hinter ihm Heinrich v. Lautern ohne Amtstitel (B. 2748). In einer andern Urkunde Febr. 12 finden wir dann freilich beide als Kämmerer bezeichnet, doch auch hier Rudolf vorstehend (B. 2750); Heinrich führt auch bis zum Apr den Titel fort, während Rudolf in dieser Zeit dem Kaiser nicht gefolgt zu sein scheint, da er nicht in Kaiserurkunden, wohl aber als Reichsbote in Oberitalien erscheint (Affò Parma 3, 301). Vom April bis November wird keiner von beiden erwähnt; tritt dann Heinrich als Schenk auf, so liegt doch die Annahme am nächsten, dass der Wechsel mit Rücksicht auf Rudolf erfolgte.

15. Seit 1191 scheint überhaupt kein eigentlicher Reichskämmerer mehr beim Kaiser fungirt zu haben. Denn während die drei anderen Reichshofbeamten gerade in den Urkunden K. Heinrich's so regelmässig auftreten, finden wir nur noch selten einen Kämmerer, und auch dann treffen die Erwähnungen durchweg verschiedene Personen. Es wäre möglich, dass der Grund darin lag, dass Rudolf v. Siebeneich Reichskämmerer blieb. Aber ich weiss ihn seit 1191 weder beim Kaiser, noch sonst urkundlich nachzuweisen; und nehmen wir etwa an, er sei in Italien beschäftigt gewesen, so sollten wir doch erwarten, ihn wenigstens auf den italienischen Zügen beim Kaiser zu finden. Andererseits würde bei der Annahme seines Todes auffallen müssen, dass kein anderer Reichskämmerer ernannt wurde. Gleichzeitig mit Heinrich und Rudolf wird 1190 zu Cremona ein domnus Johannes Lilo de Asia missus et camerarius domini Henrici imperatoris erwähnt (Muratori antiq. It 4, 481), welcher in Kaiserurkunden nicht vorkommt. Später finden wir dann vereinzelt 1102 zu Gelnhausen Kämmerer Konrad v. Waldhusen mit seinem Sohne Albert (B. 2784). Da wir beide Namen in der schwäbischen Familie v. Waldhausen fanden, aus welcher 1184 — 1189 Konrad Schenk war (vgl. III §. 6), so ist wohl eher an diese zu

denken, als an die sächsischen Kämmerer v. Walbusen (§. 4. 12);
Bedenken könnte freilich die Verschiedenheit des Amtes erregen.
Trushard v. Kestenburg wird nur einmal 1192 als Camerarius
Spirensis erwähnt (B. 2786); ohne Amtstitel nennt er sich auch
sonst wohl Spirensis oder de Spira (Wirtemb. U. B. 2, 289. 317. 327.
Remling U. B. 1, 133) vereinzelt auch v. Trifels (B. 2868); 1194
ist er Reichsbote in Italien (Affö Parma 3, 302); da er als Trushard
v. Kestenburg überaus häufig in den Kaiserurkunden dieser Zeit
vorkommt (B. 2611. 78. 736. 41. 869. 78—81. Moriondi 1, 88. Gall.
chr. 1, 79. Mon. Patr. L. j. Gen. 1, 410. Remling. U. B. 1. 127), aber
sonst nie den Amtstitel führt, so war er sicher nicht ständiger
Reichskämmerer. Doch ist er auch nicht Kämmerer des Bischofs von
Speier, welcher 1187 Dudo, 1201 Albert heisst (Würtemb. U. B.
2, 253. Remling U. B. 1, 139). Trushard war unzweifelhaft Reichsministerial, wie sein Bruder (Wirtemb. U. B. 2, 244) Burchard
v. Kestenburg ausdrücklich als solcher bezeichnet wird (Wirtemb.
U. B. 2, 75); auffallen muss dann wieder, dass die Kestenburg,
nach der sie sich nennen, 1180 dem Bischofe v. Speier gehört .
(Remling U. B. 1, 121). Kämmerer Konrad v. Staufen kommt
vor 1193 zu Speier (B. 2794), während er gleichfalls in anderen
nahe liegenden Urkunden (B. 2796. 2809) keinen Amtstitel führt.
Ein Kämmerer Heinrich (v. Groitsch) de Grusche erscheint
1195 zu Palermo (Margarin 2, 227); es wird doch zunächst an die
Kämmerer v. Groitsch (§. 10) zu denken sein, obwohl ich den Namen
Heinrich sonst bei ihnen nicht nachzuweisen weiss; ein kaiserlicher
Kämmerer Heinrich findet sich 1197 in Urkunde des Bischofs von
Meissen, das Kloster Altenzell betreffend, genannt (Schultes Direct.
2, 387), was jener Annahme durchaus entsprechen würde. Für denselben dürfte dann wohl auch der 1196 zu Gelnhausen (B. 2869)
erwähnte Kämmerer Heinrich von Gron zu halten sein, da die Namen
auch sonst sehr verdorben sind. Der schon bei K. Friedrich (§. 12)
vorkommende Dietrich v. Mühlhausen wird ohne nähere Zeitan-
gabe als Camerarius imperatoris und Verwandter des Abtes von Pegau
erwähnt (Chr. Montis Ser. ed. Eckstein 135). In Sicilien 1197 Aug.
3 und Sept. 12 finden wir beim Kaiser den Kämmerer Eberhard
v. Aachen, Aquensis (Lünig R. A. 22, 814. B. 2898). In der zweiten
Urkunde erscheint neben ihm Kämmerer Folkmar v. Boppard;
Reichsdienstmannen v. Boppard werden oft erwähnt, aber, so weit

ich sehe, sonst nie mit einem Amtstitel. In der ersten aber folgt auf
Eberhard Kämmerer Bolzwir v. Annstetten. Der Personenname
könnte aus Folkmar corrumpirt sein; aber der Geschlechtsname
scheint doch die Annahme einer Identität zu verbieten. Unter den
Reichsministerialen finde ich von ähnlichen Namen nur 1193 einen
Eberhard v. Amerstede (Wirtemb. U. B. 2, 289); sonst wäre etwa
an Amstetten im Ulmer Gebiete bei Geislingen zu denken. Ein 1195
erwähnter Kämmerer Werner (Remling U. B. 1, 127) dürfte Kämmerer des Abtes von Prüm sein (vgl. I §. 8).

16. Kämmerer K. Philipp's ist Heinrich v. Ravensburg,
zuerst 1202 Juli 23 (Ph. 71), dann 1205 (54. 68. 72), 1206 (82),
1207 (105. 6. 8) vorkommend. Die Ravensburg, häufig bei Herzog
Welf vorkommend, sind welfische Dienstmannen; einen Marschall
Hermann v. Ravensburg finden wir 1155 bei Heinrich dem Löwen
(Orig. Guelf. 3, 457). Heinrich wird schon herzoglicher Kämmerer
Philipp's gewesen sein; seiner Beibehaltung als Reichskämmerer
mochte nichts im Wege stehen, da das Amt in den späteren Zeiten
K. Heinrich's unbesetzt war.

17. Trushard v. Kestenburg beschwört als Camerarius
noster 1198 Juni den Vertrag des Königs mit Frankreich (Ph. 11);
als ständigen Kämmerer werden wir ihn aber hier so wenig betrachten dürfen, als bei der frühern vereinzelten Erwähnung (§. 15);
in anderen Urkunden 1198, 99 (Wirtemb. U. B. 2, 327. Ph. 16)
führt er den Amtstitel nicht, und es mag Zufall sein, dass wir den
Kämmerer v. Ravensburg nicht vor 1202 beim Könige nachweisen
können. Den 1207 vereinzelt vorkommenden Kämmerer Bertold
v. Walpurgfeld weiss ich nicht näher nachzuweisen.

18. Bei K. Otto als Gegenkönig finden wir 1202 den Kämmerer
Simon v. Aachen (O. 17), welcher ohne Amtstitel 1199, 1201, 2
als Simon Aquensis beim Könige vorkommt (O. 10. 13. 18); gehört er
zu der Reichskämmererfamilie von Aachen, so würde er der einzige
Reichsdienstmann sein, welcher ein Amt bei Otto versieht. Kämmerer Otto 1198 (O. 4) ist kölnischer Stiftskämmerer (Lacombl.
1, 388. 90. 91. 96). Soll 1200 ein Otto von Schonenberg Kämmerer
gewesen sein (Gebhardi erbl. Reichsst. 1, 619), so finde ich den
Namen zwar beim Könige, aber ohne Amtstitel (O. 13); früher fanden
wir allerdings Kämmerer dieses Namens (§. 3. 7).

19. Nach Otto's allgemeiner Anerkennung finden wir **H e i n r i c h
v. R a v e n s b u r g** zuerst bei ihm 1209 Jän. 12 zu Augsburg (O. 40),
dann 1209 August bis 1210 Juni auf dem Römerzuge (O. 72. 81. 84. 87
bis 90. 98 — 100. 114. 20. 26. 32. 34. 35. 38. 39. Notizenbl. 1, 178).
Ohne Amtstitel ist er dann noch 1212 Sept. 5 beim Kaiser zu Wirzburg
(O. 176. 77). Neben ihm fungirt nun aber auch **K u n o v. M i n z e n-
b e r g** der Jüngere. In Urkunden K. Philipp's begegnen wir dem Namen
oft (Ph. 16. 17. 51. 54. 56. 61. 76. 80. 91. 95. 102); 1207 werden
Kuno und Kuno genannt (Ph. 87), dann Cuno junior de M. (Notizenbl.
2, 132. Ph. 93), so dass die späteren Erwähnungen schon vorwiegend
den jüngern Kuno treffen werden; aber nie erscheint der Amtstitel.
Eben so fehlt er noch bei der ersten Erwähnung bei K. Otto 1209
Mai zu Braunschweig (O. 62). Zuerst auf dem Römerzuge 1209 Sept.
1 heisst Kuno Camerarius imperii und wird als Camerarius noster an
den Papst gesandt (O. 76. 75). Dieses Auftreten als Reichskämmerer
muss um so mehr auffallen, als der Titel so lange nicht mehr in der
Familie erscheint (§. 8), es mit keinem Regierungswechsel zusam-
menfällt und ein anderer Kämmerer schon lange im Amte ist. Im
October, wo Kuno nicht am Hofe ist, nennt sich nun wohl nicht zufällig Heinrich zuerst Camerarius imperii (Notizenbl. 1, 178. O. 84).
Aber beim ersten Zusammenkommen beider im December steht
Heinrich mehrfach ohne Amtstitel hinter dem Kämmerer Kuno (O.
98. 99. 100). Im Jahre 1210 führt Heinrich immer den Amtstitel; Kuno
allein vorkommend erscheint mit (O. 103) und ohne denselben
(128. 137); steht ohne denselben Heinrich nach (126) und vor (135);
dann aber, und in diesen Fällen Kuno vorstehend, beide als Camerarii
(134) oder Camerarii imperialis aulae (132. 39) zusammengefasst.
Darnach scheint es doch, als hätten wir beide als gleichberechtigte
Reichskämmerer zu betrachten. Kuno kommt seit 1210 Juni in den
Urkunden nicht mehr vor, und scheint bald nachher gestorben zu sein;
die Urkunde, nach welcher er angeblich nach 1215 und zwar bei
K. Otto vorgekommen sein soll (Meibom. Scr. 3. 162), gehört nach
1209 (O. 62); andere für sein längeres Leben geltend gemachte
Belege (Wenck Hess. L. G. 1, 282) sind ohne Gewicht. Sein Bruder
U l r i c h v. M i n z e n b e r g erscheint dann auch noch bei K. Otto
1212 Mai zu Nürnberg zuerst als Kämmerer (O. 171).

20. K. **F r i e d r i c h II.** scheint bei seinem ersten Eintritte in
Deutschland, wie einen Marschall und Truchsess, so auch einen

Kämmerer aus einer dem Amte bisher fremden Familie bestellt zu
haben; denn 1212 zu Basel wird in zwei Urkunden ein Albert
v. Tannhausen genannt und in einer als Kämmerer bezeichnet
(II. 1, 218. 20). Bestand die Absicht, ihm das Amt dauernd zu übertragen, so ist er jedenfalls bald zurückgetreten, da er später überhaupt
nicht mehr vorkommt.

21. Mit den anderen Reichshofbeamten finden wir dann zuerst
1213 Febr. zu Regensburg Ulrich v. Minzenberg als Camerarius
imperii beim Könige (H. 1, 246. 51); dann 1214 Sept., 1215 Jän.,
1216 Jän. Apr. (H. 1, 314. 55. 56. 57. 438. 40. 50). Seltener vorkommend, als andere Reichshofbeamte, scheint er beim Könige in
Ungnade gefallen zu sein; denn 1216 Oct. 26 schreibt der König,
dass er aus Gnade dem Ulrich v. Minzenberg die Grafschaft und alle
anderen Güter, welche einst sein Vater und Bruder besessen, zurück-
gegeben habe (H. 1, 485). Das Amt wird nicht erwähnt, und der
Umstand, dass er bei den nächsten Erwähnungen 1216 Dec., 1218 Jän.
Juni den Amtstitel nicht führt (H. 1, 490. 530. 51), liesse vielleicht
schliessen, dass ihm dieses vorenthalten sei; doch kommt er vereinzelt
auch schon 1215 Jän. 16 (H. 1, 356. 57. 438) ohne Amtstitel vor. Als
Camerarius imperii erscheint er dann aber wieder 1218 Sept., Oct., Dec.
1220 Mai (H. 1, 559. 70. 77. 782), und 1220 Apr. ohne Amtstitel
(II. 1, 927). Beim Kaiser ist er später nicht mehr nachzuweisen; auch
beim K. Heinrich ist er nur vereinzelt 1225, 27 (H. 2, 848. 3, 311)
und zwar ohne Amtstitel nachzuweisen, dann 1234 Sept. 11 als
Camerarius imperialis aulae (H. 4, 688). Er mag dem den Abfall
vorbereitenden Sohne näher getreten sein, denn beim Kaiser
erscheint er auch während dessen nun folgender Anwesenheit in
Deutschland niemals. Das seltene Vorkommen am Hofe an und für
sich liesse sich daraus erklären, dass das Amt schon zu blossem Titel
geworden sein mochte, wie ja auch die Pappenheim nur noch selten
am Hofe sind; aber das häufige Vorkommen ohne Amtstitel und zwar
durchweg in Urkunden, wo die anderen Beamten mit ihren Titeln
erscheinen, muss es doch nahe legen, dass man ihn am Hofe nicht
als Reichskämmerer betrachtete.

22. Gleichzeitig mit Ulrich erscheinen 1213 Oct. 19, dann
1214. 15. 18 einmal als Camerarii (II. 1, 342), sonst auffallend
regelmässig als Camerarii imperii bezeichnet (II. 1, 281. 373. 74.
430. 552) Hermann und Heinrich (v. Siebeneich?). Beide

werden immer zusammen genannt, aber nie mit einem Geschlechtsnamen; auch ein Vergleich der unter den Zeugen mit jenen Personennamen sonst verbundenen Geschlechtsnamen führt auf keine der
bekannten Kämmererfamilien; denn bei der so bestimmten Beziehung
auf das Reich wird an später zu erwähnende untergeordnete Kämmerer des Namens (§. 29) nicht wohl zu denken sein; neben den
Minzenberg und Ravensburg ist das Führen jenes Titels kaum zu
erklären, wenn er sich nicht auf altbegründete Ansprüche des
Geschlechtes stützte. Und da könnten wohl nur die Siebeneich in
Frage kommen, welche seit 1191 im Amte nicht mehr nachweisbar
sind (§. 14). Doch wird auch diese Annahme sehr bedenklich dadurch, dass die Personennamen den früheren Kämmerern von Siebeneich nicht entsprechen. Ein Heinrich v. Siebeneich wird 1220, 27
erwähnt (H. 1, 810. 2, 910), gegen Ende des Jahrhunderts ein
Hermann v. Siebeneich, Sohn des Konrad v. Haldenberg (Mon. Boica
6, 542), welcher durch seine Mutter mit den frühern Siebeneich zusammenhängen dürfte; aber auch diese Namen beziehen sich auf die
früher welfische Ministerialenfamilie, deren nächster Zusammenhang
mit den Kämmerern zweifelhaft erscheinen kann (vgl. §. 5).

23. War Heinrich v. Ravensburg, welcher seit 1212 aus den
Urkunden verschwindet und bald nachher gestorben sein dürfte,
unzweifelhaft Reichskämmerer gewesen, so scheint nun auch sein
Bruder (Ph. 71. 72) Dieto v. Ravensburg Anspruch auf das
Reichsamt erhoben zu haben; gleich beim ersten Auftreten 1214
Febr. und nochmals 1216 Mai heisst er Camerarius imperii (H. 1,
287. 465). Aber es muss doch scheinen, dass man die Ravensburger
den eigentlichen Reichsbeamten nicht gleichstellte, sie nur noch als
schwäbische Kämmerer betrachtete; 1215—1217 erscheint Dieto
ohne Amtstitel (H. 1, 389. 500) oder nur als Kämmerer (H. 1, 494.
96. 525. 27) bezeichnet, und zwar auch in solchen Fällen, wo die
Reichsbeamten als solche ausdrücklich bezeichnet sind (H. 1, 455.
920); im letzteren Falle folgt er erst auf den ausdrücklich als Dapifer Suevie bezeichneten Eberhard v. Tanne. Auch von den späteren
Ravensburgern heisst nur noch ein einzigesmal 1234 Heinrich Camerarius imperialis aulae (H. 4, 679). Später erscheint Dieto beim
Kaiser nur noch 1219 ohne Amtstitel (H. 1, 697); dann 1223
März bis 1233 Juli häufig bei K. Heinrich (H. 2, 754—910. 3,
949—400. 4, 586—619), aber niemals mit einem Amtstitel, ausser

einmal 1223 Sept., wo er und Friedrich v. Bienburg als Camerarii
zusammengefasst werden (H. 2, 777).

24. Ein Kämmerer Friedrich wird vereinzelt 1219 März
genannt (H. 1, 621), wohl derselbe, welcher als Kämmerer Friedrich v. Bienbúrg von 1222 April bis 1225 Juli häufig bei
K. Heinrich erscheint (2, 736. 48. 77. 94. 808. 11. 13. 48); identisch wird auch der 1225 Jän. unmittelbar auf Dieto folgende Triskämmerer Friedrich sein. Der Name Bienburg tritt mit ihm zuerst
in den Kaiserurkunden auf, wie wir ihn auch vergeblich unter den
früheren welfischen und schwäbischen Ministerialen suchen. Da Friedrich in dieser Zeit als einziger Hauptkämmerer beim Könige
erscheint, und nicht wohl anzunehmen ist, dass zumal bei Lebzeiten
Dieto's das Amt an eine ihm bisher fremde Familie gekommen sein
sollte; da Dieto offenbar das Amt nicht mehr versehen hat und erst
1231 wieder ein Kämmerer v. Ravensburg erscheint, so wird schon
das die Annahme nahe legen, dass Friedrich demselben Geschlechte
angehört, worauf auch mehrfaches Vorkommen unmittelbar neben
Dieto deutet (H. 2, 777. 808. 29. 48). Unterstützt wird das durch
die Lage der Bienburg in den welfischen Stammlanden bei Blitzen-
reute. Endlich entsprechen die Personennamen; 1244 und 1258
erscheint ein Kämmerer Heinrich von Bienburg (Stälin 2, 446.
659), welcher Sohn Friedrich's gewesen sein wird; nun fanden wir
früher Heinrich von Ravensburg, und wieder heissen Dieto's Söhne
Heinrich und Friedrich. Es heisst weiter in den Weissenauer Traditionen (Stälin 152), dass das Kloster nach K. Philipp's Ermordung
durch Heinrich v. Bienburg, einen Dienstmann desselben, ausgeplün-
dert wurde; die einzige mir bekannte frühere Erwähnung des Namens.
Beziehen wir sie auf den Kämmerer Heinrich v. Ravensburg, so
würden wir Friedrich für seinen Sohn zu halten haben, was allen
anderen Umständen entspricht; insbesondere auch erklären würde,
dass Dieto dem inzwischen vielleicht erst wehrhaft gewordenen Neffen
das Amt abtritt.

25. Friedrich, da er seit 1225 nie mehr in Urkunden vorkommt,
wird bald nachher gestorben sein; dass nun wieder die Ravensburger
Linie im Amte erscheint, dürfte sich daraus erklären, dass Heinrich
v. Bienburg, welcher sich später Kämmerer nennt (§. 24), aber nie
am Hofe vorkommt, noch unmündig war. Heinrich v. Ravensburg ist ohne Amtstitel 1227 und 1229, wo er ausdrücklich Sohn

Dieto's heisst, beim Könige (II. 3, 359. 65. 400); zuerst 1231 Nov., dann oft in den folgenden Jahren erscheint er als Kämmerer (H. 4, 558—722); da er noch 1235 März bei K. Heinrich ist, so wird er in dessen Sturz verwickelt gewesen sein; er kommt auch nie beim Kaiser bei dessen Aufenthalte in Deutschland vor. Heinrich und Friedrich v. Ravensburg werden einmal 1232 als Camerarii zusammengefasst (H. 4, 590); in anderen Fällen gleichzeitigen Vorkommens wird nur Heinrich als Kämmerer, Friedrich einfach als sein Bruder bezeichnet (H. 4, 607. 28. 54); das dürfte die Annahme genügend ausschliessen, als sei etwa Friedrich identisch mit den Kämmerer Friedrich v. Bienburg.

26. Konrad v. Werd findet sich 1215 mit seinem Bruder Ulrich v. Werd (Leren) ohne Amtstitel beim Kaiser (H. 1, 370. 442. 34). Im Jahre 1219 werden Konrad v. Werd und Wilhelm v. Aachen als Camerarii domini regis bezeichnet (H. 1, 626); 1220 in Deutschland, dann häufig auf dem Römerzuge bis zuletzt 1223 März ist Konrad beim Kaiser (H. 1, 728 — 853. 2, 70 — 296), oft als Kämmerer bezeichnet, oft aber auch dann ohne Amtstitel, wenn andere Hofbeamte ihn führen. Werden 1220 Konrad von Werd und Ulrich v. Leren als Aule nostre regie camerarii zusammengefasst (H. 1, 770), so ist wohl Ulrich der sonst gleichfalls nach Werd benannte Bruder Konrad's. Für das Amt kommt zunächst Konrad in Betracht, welcher viel häufiger erwähnt wird und 1220 Kämmerer heisst, während Ulrich nur als sein Bruder aufgeführt wird (H. 1, 813); 1222, 23 werden dann mehrfach beide Brüder als Camerarii de Werda bezeichnet (H. 2, 279. 93. 96). Bei K. Heinrich führt Konrad noch vereinzelt 1228 und wahrscheinlich 1230 den Kämmerertitel (H. 3, 378. 426); 1232 werden neben den Kämmerern von Ravensburg Diether v. Eger und Ulrich v. Leren als Hostiarii bezeichnet (H. 4, 590); ausserdem finden sich nur noch vereinzelt 1228 beide, 1225 Ulrich, 1232 Konrad ohne Amtstitel (H. 3, 391. 2, 868. 4, 586). Sie waren wohl zunächst Localbeamte, von dem damals dem Reiche gehörigen Donauwerth benannt, welche zeitweise vom Kaiser, welchen insbesondere auf dem Römerzuge kein Reichskämmerer begleitete, zur Dienstleistung an den Hof genommen waren.

27. Seit 1215 December erscheint in den Urkunden K. Friedrich's häufiger und ununterbrochener als irgend einer der andern Beamten bis zum Jahre 1234 ein Kämmerer Richard (II. 1, 342—782. 2,

66—682. 3, 285—297. 4, 279—487). Gewöhnlich einfach als Kämmerer bezeichnet, wird er von den deutschen Kämmerern während des Aufenthaltes K. Friedrich's in Deutschland wohl als Camerarius familiaris (H. 1, 426. 30), Camerarius privatus (H. 1, 533. 600) oder Camerarius regis (H. 1, 614) unterschieden. Er war Sicilianer, da er 1225 ausdrücklich als Zeuge de regno Sicilie von den Zeugen de imperio unterschieden wird (H. 2, 536); sein Amt wird sich daher, wenn nicht ausschliesslich auf die Person des Kaisers, auf Sicilien beziehen. Seit nach dem Abgange Konrad's v. Werd kein deutscher Kämmerer ständig mehr beim Kaiser war, heisst Richard auch häufig, zuerst 1224, Camerarius imperialis aule (2, 420. 552. 624. 3, 297. 4, 288. 96. 308. 18) auch imperialis aule privatus camerarius (H. 4, 415). Bei einem 1233 zu Messina vorkommenden L. imperialis aule camerarius (H. 4, 431) dürfte es sich um eine Verwechslung mit Richard handeln. Sein Nachfolger als sicilischer Kämmerer war Johann der Mohr, Sohn einer muhamedanischen Sclavinn (vgl. H. Introd. 147).

28. Andere in den Urkunden K. Friedrich's und K. Heinrich's vorkommende Kämmerer scheinen nie längere Zeit am Hofe Dienste gethan zu haben; ihr Kämmerertitel scheint sich vielmehr auf ein an einzelne Reichsbesitzungen geknüpftes Amt zu beziehen. Wilhelm v. Aachen, de Aquisgrano, heisst 1215 Kämmerer und nochmals werden 1219 Konrad v. Werd und er als Camerarii domini regis zusammengefasst (H. 1, 408. 626); bei späterem Vorkommen heisst er immer Vogt v. Aachen (H. 2, 296. 339. 3, 321. 444. 6, 223). Sein Bruder (Lacomblet 2, 79) Heinrich v. Aachen, de Aquisgrano, erscheint 1232 auf dem Tage zu Portenau als Kämmerer; 1244 ist er als Triscamerarius noster bezeichnet mit Vogt Wilhelm als Bote der Stadt Aachen beim Kaiser zu Pisa (H. 4, 355. 6, 223). Den Gerhard v. Aachen, de Aquis, nennt der Kaiser 1237 Triscamerarium, nuntium et fidelem nostrum (H. 5, 141); er ist wohl derselbe mit dem 1232 zu Portenau unter den Kämmerern genannten Gerhard (H. 4, 562); da es sich bei denen von Aachen doch immer um dasselbe Amt gehandelt haben wird, so hat man offenbar in den Urkunden zwischen Kämmerer und Schatzkämmerer keinen schärfern Unterschied gemacht.

29. Heinrich v. Giselingen ist ohne Amtstitel beim Kaiser 1215 zu Nürnberg; dann bei K. Heinrich 1223 zu Altenburg als

Camerarius noster de Chiselinchen; 1228 zu Nürnberg heissen er
und Konrad v. Werd Camerarii (H. 1, 432. 2, 781. 3, 378). Von
ihm verschieden ist Heinrich Spisarius de Giselingen, 1232 zu
Wimpfen und Nürnberg vorkommend (H. 4, 586. 89); denn 1228
finden wir zu Hagenau neben einander Heinrich v. Giselingen,
Kämmerer Hermann und Spisarius Heinrich genannt (H. 3, 371); der
Spisarius war wohl ein niederer Hofbeamter, welcher eher in das
Amt des Truchsess, niederdeutsch auch Spisendrager genannt
(Westfäl. Zeitschr. 19, 317), als in das des Kämmerers gehörte;
ein Spisarius Konrad findet sich 1223 (H. 2, 754). Ohne nähere
Bezeichnung wird noch 1233, 34 zu Spiegelberg, Nürnberg und
Wirzburg Heinrich v. Giselingen erwähnt (H. 4, 611. 73. 97).
Vielleicht wird auch der obenerwähnte Kämmerer Hermann wegen
seines Vorkommens zwischen den beiden Heinrich der Familie zu-
zuzählen sein; dann fänden wir allerdings in einer Familie die
Namen jener Reichskämmerer Hermann und Heinrich (§. 22), ohne
dass ich sie doch für identisch halten möchte. Es gab eine Regensburger Ministerialenfamilie des Namens, von Gaissling zwischen
Regensburg und Straubing benannt, deren Personennamen aber
durchaus andere sind (vgl. Ried Cod. dipl. Index. Monum. Boica.
Index 316). Eher wird an das schwäbische Geislingen zu denken
sein; doch gehörte dieses dem Grafen v. Helfenstein (Stälin 2, 666),
während bedeutendere staufische oder Reichsbesitzungen dort nicht
bekannt sind, sich höchstens aus einem Aufenthalte des Kaisers im
Jahre 1237 (H. 5, 74) darauf schliessen liesse. Da wir 1232 auch
einen sonst nie vorkommenden königlichen Kämmerer Heinrich
v. Nürnberg finden (H. 4, 571) und die von Giselingen so vorwiegend zu Nürnberg beim Könige auftreten, so liegt die Annahme
nahe, beide seien identisch und das Kämmereramt der Giselingen
habe sich auf Nürnberg bezogen.

30. Kämmerer Erbo v. Lautern kommt nur einmal 1213 zu
Nürnberg vor (H. 1, 275); ob er zu der, wohl ursprünglich zum
Marschallamte gehörenden Familie Lautern gehört, mag dahingestellt bleiben; Mitglieder derselben, insbesondere Reinhard Schultheiss v. Lautern, dann Eberhard v. Lautern, zeitweise Statthalter
von Tuscien, sind auch in dieser Zeit noch mehrfach am Hofe; doch
führt seit dem Abtreten Heinrich's v. Lautern (III §. 9 IV. §. 14) keines
mehr einen Amtstitel. Gerung v. Speier, de Spirea, heisst bei seinem

einzigen Auftreten 1215 zu Hagenau Camerarius imperii (H. 1, 426);
dennoch dürfte daraus auf keine Gleichstellung mit den eigentlichen
Reichskämmerern zu schliessen, der Ausdruck vielmehr nur zur
Unterscheidung von dem als Camerarius familiaris unmittelbar auf
ihn folgenden sicilischen Kämmerer Richard (§. 27) gebraucht sein.
Kämmerer Heinrich v. Revinringen steht 1219 zu Hagenau
(II. 1, 1668) zwischen den Hagenauer Ortsbeamten und dem
Schultheiss v. Hochfelden, während der Reichsmarschall und der
Kämmerer Richard weit voranstehen; es dürfte ein Ortsbeamter
sein, vielleicht von Reiningen bei Mühlhausen im Elsass benannt;
möglich, dass es in dem so oft von den Königen besuchten Hagenau
ständige Kämmerer gab. Zu Eger 1232 ist bei K. Heinrich Kämmerer
Dietrich v. Mühlhusen (H. 4, 574); es wird derselbe Kämmerer
Dietrich sein, welcher in einer undatirten, die Reichsministerialen
Swiker und Konrad v. Mühlhusen betreffenden Urkunde K. Heinrich's,
und einer 1221 zu Nordhausen datirten Verunechtung derselben
vorkommt (H. 2, 770. 71).
    31. Als Triscamerarius (vgl. §. 28) wird 1233 zu Nürnberg
Albert v. Rabenstein genannt (II. 4, 601), welcher sonst nie in
den Urkunden des Kaisers und Königs vorkommt. Frühere Mitglieder
des Geschlechtes werden urkundlich ausdrücklich den freien Herren
zugezählt, so 1153 Berenger, 1189. 91 Albert (Wirtemb. U. B. 2,
75. 264. 272). Ein Triscamerarius Merwald wird 1232 zu Portenau
beim Kaiser erwähnt, gleichzeitig in anderer Urkunde Merwald,
Wipot, Otto und Gerhard als Camerarii (H. 4, 360. 362). Dürfte
Gerhard der von Aachen sein (§. 28), so weiss ich die anderen nicht
näher nachzuweisen. Ein Johann Lupus, nuncius ac imperialis
aulc camerarius, wird 1221 in England erwähnt (H. 2, 783); da er
sonst nie vorkommt, dürfte er trotz jenes Titels nur ein Unterbeamter gewesen sein.
    32. Ein Kämmerer Heinrich, 1215 zu Aachen in untergeord-
neter Stellung neben anderen Zeugen aus Kammerich vorkommend
(H. 1, 408), wird Kämmerer des dortigen Bischofs sein. Gottfrid
1227 zu Mühlhausen, 1234 zu Wirzburg (H. 3, 341. 4, 699) neben
anderen Wirzburger Hofbeamten (II §. 19) vorkommend, ist Kämmerer des Bischofs von Wirzburg (Reg. Boica 2, 213. 221).
    33. Bei K. Konrad IV. erscheint 1240 (H. 5, 1204) Kuno
v. Minzenberg, Sohn Ulrich's erster Ehe, als Cumerarius imperialis

aule; ohne Amtstitel finden wir ihn 1237 beim Kaiser in Italien.
(H. 5, 150). Er wird nicht lange nachher unbeerbt verstorben sein,
und da wir seinen Bruder Ulrich auf der Gegenseite finden, so
scheint der König das Reichskämmereramt an Philipp v. Hohenfels, Sohn Philipp's v. Boland, des Bruders des ersten Truchsessen Werner v. Boland verliehen zu haben, welcher 1246. 49.
50 als Camerarius imperialis aule erwähnt wird (H. 6, 865. 735.
Gebhardi erbl. Reichsst. 1, 651). Er wird sich dann zur Gegenpartei
gewandt und hier den Erbansprüchen der Minzenberg weichend
seinen Amtstitel, welchen er später nicht mehr führt, abgelegt
haben. Wenn sein Sohn Johann v. Hohenfels um 1275 noch einmal
den Titel eines Reichskämmerers wiederaufgreift (Guden. Cod. dipl.
3, 1151), so wird dem keine weitere Bedeutung zuzulegen sein.

34. Aus der schwäbischen Kämmererfamilie kommt Heinrich
v. Ravensburg bei K. Konrad nur 1248 ohne Amtstitel vor (H. 6,
884), eben so 1262 bei Konradin, während in derselben nur
abschriftlich vorhandenen Urkunde unmittelbar auf den Reichsmarschall ein Kämmerer Heinrich v. Gienberch folgt (Mon. Boica
31, 591); dürfen wir darin, wie nahe liegt, Heinrich v. Bienburg (vgl. §. 24) sehen, so mag dieser jetzt vorzugsweise als
Kämmerer betrachtet sein; 1266 wird aber auch Heinrich v. Ravensburg mehrfach als Kämmerer bezeichnet (Mon. Boica 30, 351. 53.
55). Ein Burchard v. Tobil, welcher 1244 in Urkunde des Abtes
von St. Gallen als Camerarius domini regis erwähnt wird (Neugart
Cod. dipl. 2, 179), wird ein Unterkämmerer gewesen sein; ohne
Amtstitel wird er 1258 unter Reichsministerialen genannt (Stälin 2,
659).

35. Auf der Gegenseite finden wir bei K. Wilhelm zuerst
1249 (Mon. Germ. 4, 365), dann mehrfach Ulrich v. Minzenberg, Sohn des ältern Ulrich's zweiter Ehe; mit ihm erlosch 1255
Aug. 11 (Reg. Wilh. n. 285) der Mannesstamm seines Geschlechtes.
K. Richard verlieh dann 1257 Mai 22 bei seiner Krönung das
Amt an Ulrich's Schwager, Philipp v. Falkenstein, Bruder
Werner's v. Boland und früher Truchsess K. Konrad's; die Urkunde
selbst ist erhalten, in welcher es heisst: sibi et suis legittimis
heredibus eidem in rebus feudalibus de jure et consuetudine imperii
successuris officium camere et omnia feuda, que socer eiusdem
Philippi, Ulricus de Minzenberg senior, et Ulricus junior de jure ab

imperio tenuerunt, in feudum concedimus feudali titulo possidenda,
volentes, ut eo jure predictus Philippus officium et feuda predicta
teneat et possideat de nostra gratia liberali, quo predictus socer suus
et Ulricus junior de Minzenberg tenuisse et habuisse noscuntur
(Hansselmann Landesh. 1, 416). Dabei kann auffallen, dass Kuno's
v. Minzenberg (§. 33) gar nicht gedacht wird. Im Jahre 1262 ist bei
der Krönung K. Ottokar's v. Böhmen zu Prag Werner v. Boland
als Imperialis aule Camerarius gegenwärtig (Guden. Cod. dipl. 1,
693); das Erscheinen des Truchsessen Werner im Kämmereramte
würde kaum zu erklären sein; ist das Amt richtig angegeben, so
wäre eher an Werner v. Minzenberg, den Sohn Philipp's zu denken,
welcher etwa den Vater vertreten hätte; doch scheint dieser sich
freilich sonst nie v. Boland zu nennen. Das Amt blieb nun unbestritten
den von Falkenstein-Minzenberg; im Jahre 1411, wo vom
Mannesstamme des Hauses Falkenstein nur noch der Erzbischof
Werner v. Trier lebte, wurde das Unterkammermeisteramt des
Reiches, welches von Brandenburg zu Lehen rühre, von K. Sigismund
als Markgrafen denen v. Weinsberg geliehen (Hansselmann Landesh. 1, 479); anscheinend noch vor dem Aussterben der Weinsberg
kam es unter K. Maximilian I. an Georg v. Seinsheim, und als
dieser bald nachher unbeerbt starb, an die späteren Inhaber desselben,
die Grafen v. Hohenzollern (vgl. Gebhardi erbl. Reichsst. 1, 639.
Vitriar. illustr. 3, 831. Ludewig, Goldne Bulle 2, 764).

V. Allgemeine Bemerkungen und Ergebnisse.

1. Aus den bisherigen Erörterungen ergibt sich, dass es im
zwölften Jahrhunderte, entsprechend der Zahl der Erzämter und
der gewöhnlichen der fürstlichen Hofämter, nur eine Vierzahl
oberster Hofämter am kaiserlichen Hofe gab, das des Marschall,
Truchsess, Schenken und Kämmerer. In den aus der Reichskanzlei
hervorgegangenen Schriftstücken sind die ständigen Bezeichnungen Mareschalcus, Dapifer, Pincerna, Camerarius. Für letzteren erscheinen noch unter K. Lothar die Ausdrücke schwankend
(IV §. 1); später findet sich nur vereinzelt der Ausdruck Camerlengus (B. 2695). Nur statt des Titels Dapifer finden wir später
mehrfach den in Italien aufgenommenen Titel Senescalcus; zuerst
vereinzelt 1178 zu Turin (B. 2606), dann bei Markward v. An-

weiler 1187 zu Pavia (Rena e Cumici 4d, 100) und häufiger, aber doch immer mit dem Ausdrucke Dapifer wechselnd, seit Ende 1194; später führen ihn dann zuweilen die Truchsesse Gunzelin v. Wolfenbüttel und Werner v. Boland. Das Amt des Schatzkämmerers, Triscamerarius, vereinzelt Camerarius a thesauris (B. 2248) wird sich kaum als besonderes Hauptamt von dem des Kümmerers scheiden lassen; nur unter K. Friedrich I. wird eine Zeit lang ein Schatzkämmerer immer als solcher bezeichnet (IV §. 7); ausserdem wird das Amt nur vereinzelt erwähnt und zwar mehrfach in der Weise, dass dieselben Personen, welche Triskämmerer heissen, auch wieder schlechtweg als Kämmerer bezeichnet werden (IV §. 4. 24. 27. 31). Es gab auch kein entsprechendes Erzamt; von K. Rudolf 1276 und K. Karl 1350 wird der Titel eines Triscamerarius dem Erzbischofe von Embrun verliehen (Hist. de Dauphiné 2, 13. Guichenon Bibl. Sebus. 232). Dagegen werden wir das Amt des Magister coquinae, Reichsküchenmeister, welches 1202 zuerst vorkommt (II §. 24) als ein neuerrichtetes fünftes oberstes Hofamt zu betrachten haben; kurz nachher finden wir es auch an fürstlichen Hofhaltungen, so zu Wirzburg (Reg. Boica 2, 41. 49. 71 u. s. w.) und Münster (Cod. dipl. Westf. 3 a, 80. 105. 129). Ein entsprechendes fünftes Erzamt gab es nicht; und galt der Reichsküchenmeister später als Stellvertreter des Erztruchsess, so entfiel dafür im Beginn des fünfzehnten Jahrhunderts das Amt des Erbtruchsess, so dass die Vierzahl der Ämter wieder hergestellt war (II §. 23. 26. 27). Andere, nur vereinzelt in den Kaiserurkunden genannte Hofbeamte, wie der Hostiarius, der Spisarius (IV §. 26. 29) sind untergeordneten Ranges.

2. Eine feststehende Rangordnung der vier alten Ämter, wie sich dieselbe aus der Stellung der Hofbeamten als Zeugen ergeben müsste, ist nicht nachzuweisen; sie erscheinen in der verschiedenartigsten Aufeinanderfolge. Der Küchenmeister aber wird durchweg den anderen Beamten nachgestellt; sein ursprünglich niederer Rang scheint sich auch daraus zu ergeben, dass seinem Titel die später (§. 8) zu besprechenden Beziehungen auf das Kaiserreich fehlen.

3. Was den Geburtsstand des Reichshofbeamten betrifft, so sind dieselben regelmässig unfreie Dienstmannen. Denn überall, wo in den Urkunden die Ministerialen von den Edlen oder

Freien geschieden werden, finden wir sie jenen zugezählt. Auch fehlt
es nicht an bestimmten Einzelbelegen. K. Friedrich bekundet 1156,
dass der Wirzburger Ministerial Bodo eine Tochter seines Marschalls Heinrich v. Pappenheim geheirathet habe: quia vero supra-
dicta filia Henrici mariscalci uxor eiusdem Bodonis nepoti nostro
duci Frederico de Stoupha pertinebat et eius ministerialis erat, et
sanctio legum hoc ratum habet et servat, ut conditionem matris
sequantur filii, so sei man übereingekommen, dass die Hälfte der
Kinder der Wirzburger Kirche, die Hälfte dem Herzoge gehören
solle (Mon. Boica 29, 324). Vom Reichstruchsess Markward erzählt
die Ursperger Chronik zu 1195: Imperator Marquardum de Annin-
wilir dapiferum et ministerialem suum libertate donavit et ducatum
Ravenne cum Romania marchiam quoque Anconae sibi concessit. Bei
den mächtigsten Reichsdienstmannen-Geschlechtern, deren Besitz
den der meisten Edelherren weit überragte, scheint schon seit dem
zwölften Jahrhunderte die ganze äussere Stellung durch ihre
Unfreiheit nur wenig beeinträchtigt worden zu sein, worauf insbesondere die Heirathen deuten. Von den Vorfahren der Minzenberg
war Eberhard v. Hagen mit der Erbtochter des Edelherrn von Arns-
burg verheirathet; Luitgard, Gemahlinn Konrad's v. Hagen, wird
1151 Nobilis genannt (Guden Cod. dipl. 1, 199); ihr Sohn Kuno
v. Minzenberg scheint mit der einen, Werner v. Boland mit der
andern Erbtochter des letzten Grafen v. Nurings vermählt gewesen
zu sein (vgl. Wenck Hess. L. G. 1, 276). Im dreizehnten Jahrhunderte sind alle bekannten Verheirathungen im Hause der Truchsesse von Boland mit Mitgliedern gräflicher oder doch freiherrlicher
Geschlechter eingegangen (vgl. Gebhardi erbl. Reichsst. 1, 600).
Dennoch ist gerade eines der mächtigsten Geschlechter auch in dieser
Zeit noch als unfrei zu erweisen. Bestimmt 1236 der Pfalzgraf
v. Tübingen in der Eheberedung zwischen seiner Tochter Adelheid
und Kuno v. Minzenberg, dass Adelheid in Ermangelung von Söhnen
mit den anderen Töchtern gleich erben soll, hoc excepto, quod ministeriales et homines meos non hereditabit, nisi eos, qui voluntarie
ad ipsam decreverint declinare (Kopp Lehenproben 1, 249), so
kann doch nur ein Standesverhältniss, welches die Ministerialen und
Vasallen geniedert haben würde, massgebend gewesen sein. Besonders bezeichnend ist dann aber der bekannte Vorgang, dass K.
Rudolf 1273 und 1287 die Adelheid v. Minzenberg, welche der

Edle v. Hanau in der Meinung, dass sie edel und frei geboren sei, geheirathet hatte, mit ihren Kindern von der Dienstbarkeit befreit und für frei erklärt (Lünig R. A. 11, 519. 521). Allerdings zeigt sich hier auch in anderer Richtung, dass die Unfreiheit der Reichsministerialen schon nahezu in Vergessenheit gerathen war. Erinnert sich Johann v. Viktring (Böhmer Fontes 1, 337) zum Jahre 1298 noch, dass die Rechberg bone sed non libere nacionis seien, so bezeichnet Johann v. Winterthur (ed. Wyss 152) zum Jahre 1338 die Truchsesse v. Waldburg ausdrücklich als nobiles domini potentes libereque conditionis. Im vierzehnten Jahrhunderte finden wir die angeseheneren reichsdienstmännischen Geschlechter durchwegs als freie Herren betrachtet, sei es in Folge ausdrücklicher Freilassung, sei es, dass ihr ursprünglicher Stand ganz in Vergessenheit gerieth.

4. Ist der unfreie Stand der Reichshofbeamten als Regel nicht zu bezweifeln, so scheinen doch ausnahmsweise auch freie Herren Träger eines Hofamtes gewesen zu sein. Arnold v. Rotenburg wird 1180 in Kaiserurkunde unter den von den Ministerialen ausdrücklich geschiedenen liberi homines aufgeführt (Mon. Boic. 29, 437); es wird der noch 1179 als Truchsess vorkommende, oder sein Vater, der Vogt v. Rotenburg, sein (II §. 2, 4). Doch nöthigt das nicht, die Rotenburger überhaupt als freie Herren zu betrachten; er könnte freigelassen sein. Schenk Konrad v. Ballenhusen, falls er richtig bestimmt wurde, und Triskämmerer Albert v. Ravenstein gehörten freien Geschlechtern an (III §. 4, IV §. 31); aber wir haben keine Gewähr, dass sie als Freie das Amt versahen, da sie ja, wie das auch sonst vorkam, die Freiheit selbst aufgegeben oder durch den Stand der Mutter verloren haben könnten. Einen bestimmten Beleg gibt Markward v. Anweiler, welcher auch nach seiner Freilassung im Jahre 1195 (§. 3) Reichstruchsess blieb (II §. 7). Weiter gehörte der Reichsmarschall Anselm v. Justingen (I §. 17) zu den freien Herren. Einer seiner Vorfahren heisst urkundlich liber homo (Wirtemb. U. B. 2, 363), er selbst 1212 in Aufzeichnungen von S. Emmeran (Mon. Germ. 17, 574) vir magnus et ingenuus, in der Ursperger Chronik homo ingenuus. Er könnte nun freilich mit Übernahme des Amtes seine Freiheit aufgegeben haben; doch scheint mehreres dagegen zu sprechen. So seine Stellung als Zeuge. Nicht selten finden wir ihn hier anderen Hofbeamten, insbesondere Werner v. Boland nachgestellt, wobei sein Amt massgebend gewesen sein

wird. Finden wir ihn aber vor dem Herzoge v. Spoleto (H. 2, 99.
263), den Grafen von Helfenstein und Eberstein (H. 1, 830. 263),
den Edelherren v. Düdingen, Neiffen und Hohenlohe (H. 1, 438.
565. 573. 666. 3, 434), so wird sich das doch nur daraus erklären
lassen, dass er trotz des Amtes noch als freier Herr galt. Zu beachten
ist weiter, dass von den Hofbeamten der staufischen Zeit Anselm der
einzige sein dürfte, welcher sich 1216, 23 sogenannter Reitersiegel
bedient (Mittheilung des Fürsten F. K. zu Hohenlohe-Waldenburg).
. während solche in der ersten Hälfte des Jahrhunderts von Ministerialen nicht nachweisbar sein dürften; 1267 finden sie sich auch bei
den Boland Falkenstein (Köllner Kirch. Boland. T. III. IV). Endlich
erscheint Anselm 1233 und später in Urkunden der Herzoge von Österreich nicht allein häufig freien Herren vorgestellt, sondern wird auch
mehrfach ausdrücklich als Vir nobilis bezeichnet (Meiller Babenberg.
Reg. 157. 160. 170. 175. 179). Wir werden darnach annehmen
müssen, dass Freiheit und Hofamt nicht durchaus unvereinbar waren.
Verlangt aber der Schwabenspiegel (Ldr. L. 69) überhaupt, dass
selbst die fürstlichen Hofbeamten ursprünglich freien Familien angehören sollen, so dürfte sich das schwerlich erproben; es sei denn,
dass man die Stelle auf die urkundlich fast nie erwähnten, den
Reichserzämtern entsprechenden obersten Hofämter beziehen will,
welche allerdings auch in weltlichen Fürstenthümern in den Händen
von freien Herren gewesen zu sein scheinen; so ist in Baiern oberster
Truchsess der Pfalzgraf, Kämmerer der Hallgraf, Schenk der Graf
von Hirschberg, Marschall der Graf von Ortenburg.

5. Jedem Amte scheint ursprünglich nur je ein oberster
Hofbeamter vorgestanden zu haben; wir sind bei der Einzelunter-
suchung von dieser Annahme ausgegangen und gelangten, wenn
nicht überall, doch meistentheils zu einem dem entsprechenden Ergebnisse. Es scheint dem allerdings zu widersprechen, dass wir nicht
allein in derselben Zeit, sondern auch in derselben Urkunde mehrere
Personen mit demselben Amtstitel finden; und Huillard, welcher zuletzt diesem Gegenstande seine Aufmerksamkeit zuwandte, glaubte
desshalb auf die Annahme, dass nur je eine Person das Reichsamt
versehen habe, verzichten zu müssen. Ich denke, sie wird sich als
Regel festhalten lassen, obwohl aus näher zu erörternden Gründen
Ausnahmen vorkamen.

Zunächst lässt schon das ungleich häufigere Vorkommen
einzelner Personen gegenüber allen anderen, welche in derselben
Zeit mit dem gleichen Amtstitel beim Kaiser erscheinen, darauf
schliessen, dass wir in jenen vorzugsweise die Träger des Amtes
zu sehen haben. So erscheint in den von mir verglichenen Kaiserurkunden in der Zeit von 1138 — 1183 ein Heinrich v. Pappenheim
(I §. 2. 3) 41mal als Marschall, 10mal wird ein anderer Marschall
genannt und zwar treffen diese Erwähnungen acht verschiedene
Personen (1 §. 3. 5. 6). Schenk Konrad v. Schipf findet sich 29mal
von 1165 — 1183; drei andere Personen werden in dieser Zeit
zusammen nur 5mal als Schenken erwähnt (III §. 5. 7). Heinrich
v. Lautern wird 1191 — 1197 als Schenk 44mal erwähnt; neben
ihm zwei andere Schenken nur je einmal (III §. 9. 10). Gestaltet sich
dieses Verhältniss nicht überall so auffallend, so bietet es doch
im zwölften Jahrhunderte fast durchweg schon einen genügenden
Haltpunct, um für bestimmte Zeiten einzelne Personen als Haupt-
träger des Amtes zu bezeichnen. Am wenigsten ist das im Kämmereramte der Fall. So wird 1153 — 1177 zwar am häufigsten, aber
doch nur 12mal, Hartmann v. Siebeneich genannt; daneben finden
wir aber, auch von dem Triskämmerer Bertold abgesehen, 22mal
auch einen andern Kämmerer erwähnt; und vertheilt sich das auf
sieben Personen, so treffen doch acht Erwähnungen 1162 — 1169
den einen Rödiger, welcher in dieser Zeit häufiger vorkommt, als
Hartmann. Dagegen finden wir doch auch in diesem Amte 1183 bis
1186 Rudolf v. Siebeneich 26mal genannt, ohne dass irgend ein
anderer Kämmerer vorkäme (IV §. 5—13). Im dreizehnten Jahrhunderte würde dieser Haltpunct freilich nicht ausreichen; unter
K. Friedrich II. finden wir Truchsesse v. Waldburg oder Schenken
v. Winterstetten, obwohl wir ihnen aus anderen Gründen das oberste
Reichsamt nicht zusprechen dürfen, häufiger genannt, als die eigentlichen Reichsbeamten.

6. Dem häufigern Vorkommen scheint zugleich ein vorzugsweiser Anspruch auf den Amtstitel und auf Nennung in den
Urkunden zu entsprechen. Sehen wir vom Kämmereramte ab und von
den Fällen, wo es sich erweislich um fürstliche Hofbeamte handelt
(V §. 10), so sind im zwölften Jahrhunderte die Fälle sehr selten,
wo in einer Urkunde derselbe Amtstitel mehreren Personen gegeben
wird; unter K. Friedrich I. finden sich in derselben Urkunde neben

einander nur 1187 die Marschälle v. Hagenau und Strassburg (Mone Zeitschr. 11, 14), dann 1189 die Marschälle v. Strassburg und Lautern, die Truchsesse von Rotenburg und Sulz (B. 2713). Wird nun nur einer mit dem Amtstitel bezeichnet, so ist es immer der am häufigsten vorkommende Beamte, wenn er überhaupt in der Urkunde erwähnt wird. Umgekehrt finden wir dagegen, dass Personen, welchen vereinzelt vorkommend der Amtstitel gegeben wird, ihn nicht führen, wenn der.Hauptbeamte zugegen ist; es lässt sich danach insbesondere entscheiden, welcher von mehreren gleichzeitig als Beamte vorkommenden Brüdern als Hauptbeamter zu betrachten ist (II §. 4. 9. III §. 6. 13. 15. IV §. 6. 25); nur bei den Truchsessen v. Rotenburg, falls wir ihre Stellung richtig bestimmt haben, zeigt sich eine Ausnahme (II §. 4). Lässt sich dasselbe bezüglich anderer Nebenbeamten nicht in gleicher Weise nachweisen, so liegt der Grund darin, dass sie bei Anwesenheit des Hauptbeamten überhaupt nur ausnahmsweise unter den Zeugen aufgeführt wurden, wir also ihre gleichzeitige Anwesenheit nicht constatiren können. In den ersten Jahrzehnten des zwölften Jahrhunderts werden nur ausnahmsweise Ministerialen als Zeugen aufgeführt; später geschieht das wohl häufiger; aber die Zahl ist gewöhnlich gering, aus der Masse wurden wohl nur die angesehensten herausgegriffen und unter diesen besonders häufig die Haupthofbeamten. Da diese ohnehin den angesehensten Geschlechtern angehören, so ist es erklärlich, wenn neben ihnen auch die Brüder genannt werden. Andere Nebenbeamte scheint man, auch wenn sie in Abwesenheit des Hauptbeamten das Amt versahen, vielfach nicht berücksichtigt zu haben; und jedenfalls dann nicht, wenn der Hauptbeamte am Hofe war. Seit 1191 können wir bei K. Heinrich VI. einen obersten Kämmerer nicht nachweisen; gerade dieses Amt wird aber gewiss regelmässig durch Nebenkämmerer versehen sein; aber während die übrigen Hofbeamten sehr häufig erwähnt werden, kommen Kämmerer in den Urkunden nur ganz vereinzelt vor (IV §. 15). Einen sicherern Massstab, als die Annahme, dass jederzeit alle Ämter am Hofe wenigstens durch einen Nebenbeamten versehen wurden, dürften uns hier noch die auf den Zügen in Italien ausgestellten Urkunden bieten. In Deutschland mag die Umgebung des Kaisers vielfach gewechselt haben; in Italien spricht im Allgemeinen die Vermuthung dafür, dass Personen wenn sie auch nur vereinzelt in den Urkunden auftreten, doch

während des ganzen Zuges im Gefolge des Kaisers waren. Der
Truchsess Marquard ist 1189 — 1192, also insbesondere auf dem
Römerzuge, nicht beim Kaiser nachzuweisen; aber der Truchsess
Albert, welcher seine Stelle versehen mochte, wird nur ein einziges
Mal als letzter Zeuge genannt, während der Marschall Heinrich fast
nie unter den Zeugen fehlt (I §. 7, II §. 7. 8). Auf K. Heinrich's
letztem Zuge 1196. 97 werden der Marschall v. Kalentin, Truchsess
v. Anweiler, Schenk v. Lautern oft unter den Zeugen erwähnt
(I §. 7, II §. 7, III §. 9). In einer für den Marschall v. Kalentin ausgestellten und Reichsdienstgüter betreffenden Urkunde werden nun,
offenbar wegen des Inhaltes, ungewöhnlich viele Reichsministerialen
aufgeführt und zwar ausser jenen Hauptbeamten noch drei Marschälle, der Truchsess v. Rotenburg und zwei Kämmerer; es
waren also eine Reihe von Nebenbeamten auf dem Zuge; aber keiner
erscheint sonst mit oder ohne Amtstitel als Zeuge, bis auf vereinzelte Erwähnungen des Marschalls v. Hagenau und Kämmerers von
Aachen (I §. 8, 10, II §. 8, IV §. 15). Auf K. Friedrich's Römerzuge waren bis 1220 Dec. von obersten Reichsbeamten der Marschall v. Justingen und Truchsess v. Boland, welche in 30 und 29
Urkunden als Zeugen erscheinen, dagegen der stellvertretende
Kämmerer Konrad v. Werd (IV §. 26) in derselben Zeit nur in
vier; erst seit dem Abgange des Truchsess und der Verringerung der
deutschen Umgebung des Kaisers kommt er häufiger vor und ausser
ihm ein Schenk Friedrich v. Staufen (III §. 19), welcher doch gewiss
auch schon früher das Amt versah, aber nie als Zeuge erscheint.

In der Zeit K. Friedrich's II. verlieren allerdings diese Anhalts-
puncte insofern an Gewicht, als auch Brüder und andere Familien-
glieder neben dem eigentlichen Beamten den Amtstitel führen
(II §. 23, II §. 18. 21, IV §. 22. 26), wie ja später die Amtstitel vielfach
ganz mit dem Geschlechtsnamen verbunden erscheinen; als ferner
insbesondere die schwäbischen Hofbeamten auch neben dem entsprechenden Reichsbeamten durchweg ihre Amtstitel führen. Doch finden
sich auch in dieser Zeit noch einige auffallende Belege für die Anschauung, dass der Titel des Reichsamtes eigentlich nur einem zustehen könne, und zwar gerade in Fällen, wo das oberste Reichsamt von mehreren beansprucht wurde; neben einem Pappenheim
führt Anselm v. Justingen den Marschallstitel nicht (I §. 17); den
des Truchsess ertheilt die Reichskanzlei anstandslos sowohl Werner

v. Boland, wie Gunzelin v. Wolfenbüttel, wo sie vereinzelt vorkommen; bei ihrem Zusammentreffen wird er in auffallendster Weise keinem von beiden ertheilt (II §. 17).

7. Auf die Stellung in der Zeugenreihe haben wir mehrfach hingewiesen, um zwischen Hauptbeamten und Nebenbeamten zu unterscheiden. In der Regel wird der Vorrang jener auch beachtet. So finden wir auf K. Friedrich's II. Römerzuge den Schenken v. Staufen und den Kämmerer v. Werd (III §. 19, IV §. 26) dem Reichsmarschall und Reichstruchsess immer nachstehen. Der schwäbische Truchsess Eberhard v. Waldburg steht den Reichstruchsessen v. Boland und Wolfenbüttel durchweg nach (II §. 16. 17). Aber es finden sich doch auch so manche Unregelmässigkeiten in der Zeugenstellung, dass wenigstens bei Einzelfällen die darauf gebauten Schlüsse sehr unsicher sind; und der Unterschied zwischen Reichsbeamten und schwäbischen Beamten scheint schliesslich in dieser Richtung kaum mehr beachtet worden zu sein (III §. 18).

8. Einen bestimmteren Anhaltspunct gibt die ausdrückliche Beziehung des Amtstitels auf das Kaiserreich. Im zwölften Jahrhunderte finden wir durchweg nur die einfachen Amtstitel, hie und da mit Beziehung auf die Person des Kaisers Dapifer imperatoris (Mon. Boica 29, 327. B. 2072. 2176. 2608) oder regis (II §. 7) oder noster (B. 2249. 2758); vereinzelt auch Dapifer curie (B. 2519. 2602). Zuerst wird Markward v. Anweiler 1194 Mai in einer vom Kaiser für ihn ausgestellten Urkunde Dapifer imperii genannt (Dümge Reg. 152); seit seiner Freilassung und Erhebung zum Markgrafen von Ancona (II §. 7) führt er dann selbst mehrfach den Titel Dapifer imperialis aule; bei anderen Beamten kommt ein entsprechender Titel noch nicht vor. Erst 1206 nennt sich Heinrich v. Kalentin Imperialis aule marschalcus (Ph. n. 80); 1207 heisst es Dapifer und Pincerna imperii (Ph. n. 108); erst seit K. Otto's Römerzuge 1209 finden wir dann häufig dem Amtstitel das Imperii oder Imperialis aule hinzugefügt. Ersteres kommt nur bis 1220 häufiger vor; vereinzelt gebraucht es noch 1236 der Marschall (H. 4, 899).

Was nun die Bedeutung dieser Ausdrücke betrifft, so bezeichnet das Imperii unzweifelhaft nur die obersten Hofbeamten zum Unterschiede von den anderen Beamten; wir finden es durchweg nur bei solchen, welche ein oberstes Reichsamt unbestritten inne hatten, oder doch einen von der Reichskanzlei berücksichtigten Anspruch auf ein solches erhoben; nämlich bei Heinrich v. Kalentin, Anselm v. Justingen (I §. 15. 17), Heinrich v. Waldburg, Gunzelin v. Wolfenbüttel, Werner v. Boland (II §. 9. 13. 14), Walter und Konrad v. Schipf (III §. 13. 14. 15), Heinrich v. Ravensburg, Kuno und Ulrich v. Minzenberg, den Kämmerern Herrmann und Heinrich (IV §. 19. 21. 22); selbst bei Dieto v. Ravensburg (IV §. 23) werden wir einen Anspruch auf das Reichskämmereramt annehmen dürfen. Als nicht auffallende Ausnahme wäre anzuführen, dass Konrad v. Schipf schon bei Lebzeiten des Bruders Pincerna imperii heisst (II §. 15); dann fanden wir einen einzigen Fall, wo der Ausdruck Camerarius imperii einem Nebenbeamten offenbar nur zur Unterscheidung von dem neben ihm genannten sicilischen Kämmerer ertheilt wird (IV §. 30). Der Zusatz Imperialis aule hat ursprünglich unzweifelhaft ganz dieselbe Bedeutung; er findet sich abwechselnd mit jenem von denselben Personen gebraucht, wie sich für dieselben auch noch andere entsprechende Bezeichnungen finden, so Dapifer noster, regalis aule, curie nostre, imperialis, imperatoris. Aber schon der Wortbedeutung nach stand nichts im Wege, dass jeder am kaiserlichen Hofe dienstthuende Beamte so benannt wurde, ohne dass er dadurch zugleich als oberster Reichsbeamter bezeichnet werden sollte. Und wenigstens vereinzelt führen den Titel denn auch Beamte, welche wir nur als schwäbische betrachten dürfen: so Eberhard v. Waldburg, bei welchem vielleicht noch ein Anspruch auf das Reichsamt wirksam gewesen sein möchte (II §. 16), die Schenken von Winterstetten (III §. 18), Heinrich v. Ravensburg (IV §. 23); häufiger noch, seit an des Kaisers Hofe keine deutsche Beamte mehr sind, der sizilische Marschall und Kämmerer (I §. 22, IV §. 27). Um so weniger wird der Titel in anderen Fällen, wo er ganz vereinzelt auftritt (I §. 20, IV §. 31) einen obersten Hofbeamten bezeichnen müssen. Von 1240 ab ist mir aber kein Beispiel bekannt, dass sich andere, als oberste Hofbeamte, Imperialis aule nennen.

9. Umgekehrt bieten uns mehrfach eine Beziehung auf das Kaiserreich ausschliessende Ausdrücke einen Haltpunct. Jene Ausdrücke Imperii und Imperialis aule werden ganz unabhängig davon gebraucht, ob der König zum Kaiser gekrönt ist oder nicht. Finden wir daher neben den Reichsbeamten Neben-

beamte als Camerarii domini regis oder aule nostre regie (IV §. 26),
so soll dadurch unzweifelhaft eine untergeordnete Stellung angedeutet werden; gleiches haben wir wohl in anderen Fällen anzunehmen, wo jemand Beamter des Königs heisst (II §. 11, IV §.
34), wenn nicht etwa der Unterschied der Hofhaltung des römischen
Königs von der des Kaisers angedeutet werden soll (II §. 7), ein
Unterschied, welcher zur Zeit K. Friedrich's II. und seiner Söhne
nie mehr hervortritt. Ähnliche unterscheidende Bezeichnungen finden
wir bei dem sicilischen Kämmerer Richard (IV §. 27). Die ausdrückliche Bezeichnung als Unterbeamter findet sich in Kaiserurkunden nicht; anderweitig fanden wir einen Submarscalcus erwähnt
(I §. 20). Wichtiger ist es, dass einzelne Personen wenigstens vereinzelt ausdrücklich als Beamte des Herzogthums Schwaben bezeichnet werden (II §. 15, III §. 18).

10. Lässt sich nach dem Gesagten nicht bezweifeln, dass wir
nicht alle in den Kaiserurkunden mit dem Amtstitel erscheinenden
Personen als gleichgestellt betrachten dürfen, nur einzelnen von
ihnen das eigentliche Reichsamt zukam, so fragt es sich, worauf der
Amtstitel derjenigen, welche wir bisher als Nebenbeamte bezeichneten, beruht.

Eine Reihe von Erwähnungen anscheinender Reichshofbeamten,
welche vielfach auch in die bisherigen Verzeichnisse derselben auf-
genommen sind, beseitigen sich einfach dadurch, dass sie fürstliche Hofbeamte, insbesondere der geistlichen Fürsten, betreffen,
welche einfach mit ihrem Amtstitel unter den Zeugen der Kaiserurkunden aufgeführt sind (I §. 6. 10. 13. 21. II §. 6. 8. 11. 19.
III §. 7. 10. 20. IV §. 13. 18. 32). Der Ausstellungsort, auch wohl
der Inhalt der Urkunde und die Heimat der anderen Zeugen, geben
gewöhnlich genügenden Anhalt zu schliessen, welcher Dienstmannschaft solche vereinzelt vorkommende Beamte angehören; und wo
genügendes Material zur Hand ist, lassen sich durchwegs gleichnamige Beamte bei den betreffenden Fürsten nachweisen. Nicht
immer scheinen diese nun aber lediglich als Begleiter oder im Auf-
trage ihrer Herren am kaiserlichen Hoflager zu sein, sondern auch
in Dienstleistung beim Kaiser. So insbesondere der Strassburger
Marschall Werner, welcher häufig, an verschiedenen Orten und ohne
den Bischof am Hofe ist (I §. 5. 10); ein Regensburger Kämmerer
wird einmal ausdrücklich als Camerarius imperatoris bezeichnet

(IV §. 11). Daraus wäre etwa zu schliessen, dass zu den Verpflichtungen der Reichskirchen, wie sich ja manche ähnliche finden, auch die gehört habe, dem Könige ihre Ministerialen zur Verfügung zu stellen, wenn er der Dienste derselben bedurfte. Der Umstand aber, dass der 1153 so bestimmt als Ministerialis regni bezeichnete Kämmerer Anselm identisch mit dem Kämmerer des Bischofs von Speier zu sein scheint (IV §.11), könnte auch die Frage nahe legen ob nicht jemand zugleich Dienstmann des Reiches und einer Reichskirche sein konnte; auch bei den Boland scheint Manches für ein gleichzeitiges Dienstverhältniss zum Reiche und zu Mainz zu sprechen, wie es auffallen muss, dass die Reichsministerialen von Kestenburg sich nach einer Burg des Bischofs von Speier nennen (IV §.15). Es könnte sich ein solches Verhältniss, welches gewiss nur ausnahmsweise anzunehmen sein würde, etwa daraus entwickelt haben, dass in oder bei Bischofsstädten gelegenes Reichsgut bischöflichen Ministerialen zur Verwaltung übertragen wäre, und dass man den Ausdruck Ministerialis regni nicht gerade ausschliesslich auf das durch Geburt, sondern auch auf das durch Übertragung eines Amtes an Unfreie eines andern Herrn begründete Dienstverhältniss zum Reiche bezogen hätte.

11. Eine zweite Classe dieser Nebenbeamten werden wir als Ortsbeamte bezeichnen können, deren mit dem Titel eines Kämmerer oder Marschall verbundenes Amt sich zunächst an eine bestimmte Reichsbesitzung knüpfte, wie die Ämter der Burggrafen, Vögte, Schultheissen, Pröpste und Meier des Reiches. In ähnlicher Weise wird oft die Mehrzahl fürstlicher Hofbeamten zu erklären sein; wir erwähnten mainzische Schenken und Kämmerer von Apolda, deren Amt an Erfurt geknüpft war (III §. 10); in späterer Zeit werden in manchen Gegenden · die Ortsbeamten vorzugsweise als Drosten bezeichnet.

Dahin werden wir vor Allem manche Kämmerer rechnen dürfen; so die Kämmerer v. Aachen (IV §. 12. 15. 18. 28), Speier (§. 11. 15. 17. 30), Worms, wenn es sich dort nicht um bischöfliche Kämmerer handelt (§. 11), Boppard (§. 15), Nürnberg (§. 29), Donauwörth (§. 26), Wallhusen (§. 4, 12), Mühlhausen (§. 12. 15. 30), vielleicht auch die von Lautern (§. 30), Schonenburg (§. 3), Staufen (§. 15). Bestimmter würde das hervortreten, wenn nicht der Amtstitel in diesen Fällen. gewöhnlich in derselben Weise mit

dem Ortsnamen verbunden würde, wie sonst mit dem Geschlechtsnamen, beziehungsweise dem Namen der Besitzung, nach welchem
das Geschlecht oder die betreffende Linie sich nannte; wie bei einem
Camerarius de Siebeneich Amtstitel und Geschlechtsnamen nicht in
näherer Beziehung stehen, so wird auch der Ausdruck Camerarius
de Walhusen eben sowohl einen Kämmerer, dessen Geschlecht sich
nach Walhusen nennt, bezeichnen können, als einen Kämmerer zu Walhusen; und wo es sich um unbedeutendere Reichsorte handelt, wird
beides vielfach zusammengefallen sein. Wo es sich aber um grössere,
zur genaueren Bezeichnung des Geschlechtes weniger geeignete Orte
handelt, wird doch die letztere Deutung näher liegen; und vielfach
scheint sich das doch auch in der Bezeichnung auszusprechen; heisst
es Camerarius de Aquisgrano, de Aquis, de Spirea (§. 28. 30), so
finden wir anderweitig die Ausdrücke Camerarius Aquensis, Spirensis, Wormatiensis (§. 11. 12. 15. 18), wo die Bedeutung doch kaum
zweifelhaft sein kann. Zudem lässt sich für den Kämmerer Trushard
von Speier ein anderweitiger Geschlechtsnamen nachweisen, welchen
er gewöhnlich führt (§. 15); dasselbe würde der Fall sein, wenn
unsere Vermuthung richtig sein sollte, dass die Kämmerer von Giselingen Kämmerer zu Nürnberg waren. Es wäre demnach auch möglich, dass sich der Kämmerertitel eines Geschlechtes auf einen Ort
bezog, nach dem es sich nie benannte; so dürften vielleicht die von
Groitsch zunächst Kämmerer an einem der von den Kaisern häufiger
besuchten sächsischen Orte, etwa zu Altenburg gewesen sein (§. 10.
15). Mächtigere Reichsdienstmannen scheinen auf diese Amtstitel
wenig Werth gelegt zu haben; Trushard von Kestenburg nennt sich
wohl mehrfach nach seinem Amtssitze Speier, aber trotz seines
häufigen Vorkommens führt er nur zweimal den Kämmerertitel
(§. 15. 17); der ältere Wilhelm von Aachen fügt dem Titel eines
Vogtes nur einmal den eines Kämmerer zu; beim jüngeren ist es
unbestimmt, ob er zur Zeit seines Vorkommens als Kämmerer schon
Vogt war (§. 12. 28. vgl. Quix Aachen 2, 98). Diese Kämmerer
dürften zunächst die Aufsicht über das an Orten, welche die Kaiser
öfter besuchten, befindliche bewegliche Gut des Reiches gehabt
haben; die von Walhusen und Aachen werden auch als Triskämmerer
bezeichnet (§. 4. 28).

In dieselbe Classe dürften auch einzelne Marschälle gehören,
insbesondere die von Hagenau (I §. 5. 8. 10. 13. 20); sie erscheinen

längere Zeit hindurch immer mit dem Marschalltitel, sind aber vorzugsweise nur zu Hagenau selbst beim Kaiser, und dürften ihren Titel um so weniger wegen zeitweiliger Dienstleistung am Hofe führen, als er ihnen auch in anderen Urkunden beigelegt wird. Im kaiserlichen Privileg für Hagenau 1164 heisst es: Imperator villam si intraverit, marsculcus ipsius absque civium detrimento de hospiciis pacifice disponat (Schöpflin Als. dipl. 1, 257). Die Austheilung der Quartiere war allerdings überhaupt Sache des zeitigen Reichsmarschalls, und die Stelle könnte sich auf diesen beziehen, wie wir ähnliche Bestimmungen auch für Städte finden, von welchen uns Ortsbeamte nicht bekannt sind, so 1188 für Goslar (Heinecc. Antiq. 185); aber es wäre doch auch sehr erklärlich, wenn an einem so oft vom Kaiser besuchten Orte ein ständiger Beamter mit den bezüglichen Verrichtungen betraut gewesen wäre. Das würde dann auch wohl für den nur einmal erwähnten Marschall von Altenburg zu gelten haben (I §. 5); bei Germersheim (§. 3) steht im Wege, dass dort keine Hoftage gehalten wurden; bei den Marschällen von Lautern (§. 4. 9) deutet nichts darauf, dass ihr Amt sich auf den Ort bezog. Eher würde noch hierher zu ziehen sein der Marschall von Strassburg (§. 5. 10), wenn wir diesen nicht lediglich als bischöflichen Dienstmann betrachten wollen (V §. 10). Die Titel des Truchsess und Schenken scheinen von Ortsbeamten nicht geführt worden zu sein.

12. Es sind hier weiter vorzugsweise zu erwähnen die Hofbeamten des Herzogthums Schwaben. Unter Kaiser Friedrich I. treten diese nirgends hervor; die Mitglieder der späteren schwäbischen Amtsfamilien führen noch keinen Amtstitel (vgl. Stälin 2, 608. 617. 619). Ich glaube, dass man in dieser Zeit überhaupt noch nicht von ständigen Hofbeamten des Herzogthums Schwaben, sondern nur von Hofbeamten des Herzogs wird sprechen können; die Stellung bezog sich noch auf's engste auf die Person des Dienstherrn; gab es keine herzogliche Hofhaltung, so wird es auch keine herzogliche Hofbeamte gegeben haben; und hatte der Herzog anderweitige Besitzungen, so werden seine Hofbeamten nicht ausschliesslich Schwaben gewesen sein. Herzog Friedrich IV. von Schwaben und Rotenburg, 1152 achtjährig, wird wenigstens in späteren Jahren eine eigene Hofhaltung gehabt haben; aber der einzige uns bekannte seiner Beamten, der Schenk von Weinsberg (IV §. 2), ist ein Ost-

franke. Herzog Friedrich V., 1167 erst ein Jahr alt, wird anfangs noch keinen Hof gehabt haben; aber auch die spätere Gestaltung seines Hofes scheint noch nicht massgebend gewesen zu sein. Denn von den späteren schwäbischen Hofbeamten gehörten nur die Rechberg und Tanne zur schwäbischen, die Waldburg und Ravensburg aber zur welfischen Dienstmannschaft; und nach dem urkundlichen Vorkommen blieben diese bis zum Tode Herzog Welf's 1191 an dessen Hofe. Erst nach 1191 unter den Herzogen Konrad und Philipp können die Ämter von den, nun schon grossentheils auch mit dem Amtstitel vorkommenden späteren Trägern derselben versehen sein. Dass sich darunter aber zwei welfische Dienstmannen finden, wird bestimmt dagegen sprechen müssen, dass bis dahin schon bestimmte Familien ein Anrecht auf die Ämter des Herzogthums hatten, dass solche überhaupt bestanden unabhänglg von einer eigenen herzoglichen Hofhaltung (vgl. I §. 12. II §. 9. 15. III §. 12. IV §. 16). Eine solche fehlte nun wieder seit Philipp's Erhebung 1198; und selbst für diese Zeit möchte ich noch sehr bezweifeln, dass der Begriff besonderer Hofbeamten des Reiches und des Herzogthums sich schon festgestellt hatte. Denn die Waldburg und Ravensburg werden nun Reichsbeamte (II §. 9. 13. IV §. 16. 19), ohne dass statt ihrer entsprechende Beamte des Herzogthums erschienen. Die Rechberg und Tanne führen nun wohl ihren herzoglichen Amtstitel fort, erscheinen vereinzelt mit demselben in den Urkunden K. Philipp's (I §. 12. III §. 12), nie in denen K. Otto's; da uns aber noch jede bestimmtere Beziehung des Titels auf Schwaben fehlt, so würde man sie eben so wohl als königliche Nebenbeamte, denn als schwäbische Beamte fassen können. Doch deutet schon das früher (§. 8) besprochene Auftreten der Bezeichnung als Beamte des Kaiserreichs darauf hin, dass sich eine Anschauung ausbildete, welche das Amt nicht mehr in nächster Beziehung zur Person des Herrschers, sondern zum Reiche stehend auffasste; dem entsprechend mochte nun auch von besonderen Ämtern des Herzogtbums die Rede sein. Ich denke, dass sich das in den ersten Zeiten K. Friedrich's II. fester gestaltet hat, und dazu dienen mochte, mancherlei Ansprüche zu béfriedigen; ein Marschall von Rechberg findet sich zuerst wieder 1214 am Hofe (I §. 19); der seit 1214 erscheinende Truchsess von Tanne-Waldburg dürfte das Amt mit Beziehung auf Schwaben neu erhalten haben und bei ihm finden wir nun zuerst 1217 ausdrücklich

die Bezeichnung Dapifer Sveviae (II §. 15); eben so macht das Auftreten der Tanne-Winterstetten im J. 1220 den Eindruck, als sei
jetzt erst ein schwäbisches Schenkenamt ausdrücklich anerkannt
worden (III §. 18); und so mochten nun auch die Ansprüche der
Ravensburg, auch nach dem Tode des ersten Trägers das Reichsamt fortzuführen, sich durch die Stellung schwäbischer Kämmerer
leichter erledigen lassen (IV §. 23. 24. 25). Ausdrückliche Beziehungen des Amtstitels auf Schwaben finden sich allerdings auch jetzt
nur selten (II §. 15. III §. 18).

13. Im zwölften Jahrhunderte scheinen auch die obersten Hofbeamten nicht blos den Titel geführt, sondern ihrem Amte am Hofe in
der Regel persönlich vorgestanden zu haben; waren sie abwesend,
oder etwa ein Amt längere Zeit erledigt, was sich in jener Zeit nur in
einem Falle bestimmter nachweisen lässt (IV §. 15), so ergab sich
das Bedürfniss stellvertretender Hofbeamten. Zur Stellvertretung werden vorzugsweise die nächsten Verwandten des
bezüglichen Hofbeamten berufen sein, da wir insbesondere so häufig
den Fall finden, dass Brüder des Hofbeamten in dessen Abwesenheit
den Amtstitel führen (II §. 2. 4. 9. III §. 5. 13. 15. 18. IV §. 6.
25. vgl. V §. 6). Dahin gehören aber auch die Ortsbeamten. Erscheinen diese vorwiegend nur an ihrem Amtssitze oder in dessen
Nähe beim Kaiser, so scheinen sie doch auf Verlangen verpflichtet
gewesen zu sein, in dem betreffenden Amte am Hofe zu dienen. Ein
auffallendes Beispiel gibt der Marschall Sifrid v. Hagenau (I §. 8);
weiter die Kämmerer v. Groitsch und v. Werth (IV §. 10. 26);
auch während der Erledigung des Kämmereramtes unter K. Heinrich
VI. scheinen vorzugsweise Ortsbeamte den Dienst versehen zu haben
(IV §. 15). Auch von bischöflichen Hofbeamten mussten wir
wenigsten in einzelnen Fällen annehmen, dass sie zeitweise das Amt
beim Kaiser versahen (§. 10); häufiger mag das etwa nur der Fall
gewesen sein, wenn beim Aufenthalte des Kaisers in einer Bischofs-
stadt der Reichsbeamte nicht anwesend war. Da weiter jedes Dienstmannengeschlecht einem der Ämter zugewiesen war, jedes Mitglied
derselben zeitweise in demselben zu dienen hatte, so wird es dem
Kaiser zugestanden haben, auch aus anderen Amtsfamilien
stellvertretende Hofbeamte zu bestellen; ein Beispiel geben die
Nebenmarschälle unter K. Heinrich VI. (I §. 9. 10). Wo uns fast
nichts zu Gebote steht, als die Zeugenreihen der Urkunden, wird es

freilich kaum möglich sein, Regel und Herkommen in diesen Dingen genauer zu bestimmen. Dass einzelne Dienstmannen ein bestimmteres Anrecht auf die Stellvertretung geltend machten, scheint sich aus dem auffallenden Nebeneinandervorkommen der Marschälle v. Hagenau und v. Anebos in Abwesenheit Heinrich's v. Kalentin zu ergeben (I §. 8. 9); daraus würde es sich denn auch leichter erklären, wenn solche zur Stellvertretung berufene Beamte vereinzelt auch neben dem Hauptbeamten den Amtstitel führen (I §. 10. V §. 6).

Im dreizehnten Jahrhunderte läge es nahe, zunächst die schwäbischen Hofbeamten als Stellvertreter der Reichsbeamten zu betrachten. Es mag sein, dass etwa K. Philipp diejenigen seiner früheren herzoglichen Beamten, welche nicht zum Reichsamte gelangten, vorzugsweise zur Stellvertretung heranzog (§. 12). Aber es scheint sich die Anschauung verloren zu haben, dass immer der oberste Beamte oder ein Stellvertreter desselben am Hofe sein sollte. Schon gegen Ende des zwölften Jahrhunderts werden die Hofbeamten zu den verschiedensten Reichsgeschäften verwendet; sind die Ministerialen, welche im Rathe K. Friedrich's I. besonders hervortreten, Kuno v. Minzenberg und Werner v. Boland, nicht Hofbeamte, so werden wir schon seit K. Heinrich VI. die Hofbeamten vorzugsweise nur als Räthe des Kaisers zu betrachten haben, welchen Titel und Einkünfte des Amtes zustanden, während sie sich mit den besonderen Amtsverrichtungen immer weniger befassen mochten. Damit wurde denn aber auch die Anwesenheit oberster Hofbeamten am Hofe mehr und mehr zu blosser Form. In der ersten Zeit K. Friedrich's II. scheint noch in der Regel jedes Amt am Hofe vertreten gewesen zu sein, eben so auf seinem Römerzuge, auf dem wir bis Ende 1220 den Truchsess v. Boland, bis 1221 den Schenk v. Staufen, bis 1222 den Marschall v. Justingen, bis 1223 den Kämmerer v. Werth finden (II §. 14. III §. 19. I §. 17. IV §. 26. V §. 6); aber wie diese abtreten, wird das Amt am kaiserlichen Hofe nicht mehr regelmässig versehen; wir finden beim Kaiser in Italien nur noch im Falle ihrer zufälligen Anwesenheit in einigen Urkunden deutsche Hofbeamte genannt (II §. 16. 17. III §. 15. 16. 18), während auch die sicilischen sehr unregelmässig auftreten (I §. 22. II §. 20. III §. 19. IV §. 27). Nicht anders ist das an den Hofhaltungen seiner Söhne. Einzelne Beamte, wie den Truchsess v. Waldburg, den Schenken v. Winterstetten, finden wir zeitweise in fast allen

Urkunden, andere, wie den Truchsess v. Boland, Schenken v. Klingenberg, Kämmerer v. Bienburg und Ravensburg, ziemlich häufig; zwei, auch drei Schenken werden nicht selten in derselben Urkunde genannt; dagegen ist ein Marschall v. Pappenheim von 1218 bis 1231 und wieder unter K. Konrad nie am Hofe, die Kämmerer v. Minzenberg sehr selten; aber auch andere Marschälle werden nur vereinzelt genannt, wenn sie zufällig am Hofe sind; so häufig andere schwäbische Beamte auftreten, verschwinden die Marschälle v. Rechberg seit 1225 aus den königlichen Urkunden (I §. 12—23). Das Amt ist offenbar zu blossem Titel geworden, ohne bezügliche Verrichtungen, so dass auch eine regelmässige Stellvertretung überflüssig war; nicht ihres Amtes wegen, sondern als königliche Räthe sind manche von den Hofbeamten noch in der Regel am Hofe anwesend; diejenigen, welche sich des Vertrauens des Königs, beziehungsweise des kaiserlichen Vaters nicht erfreuten oder dasselbe nicht suchten, erscheinen nicht häufiger am Hofe, als andere Grosse. Unter K. Konrad können wir selbst solche Reichsbeamte, welche auf seiner Seite standen, wie Philipp v. Falkenstein und Philipp v. Hohenfels (II §. 21. IV §. 33) als an seinem Hoflager anwesend aus den Urkunden nicht erweisen; dagegen werden die häufiger vorkommenden Schenken v. Klingenberg, Limburg, Winterstetten und Schmalneck ausdrücklich als Consiliarii des Königs bezeichnet (H. 6, 832. 64. 65). Seit dieser Entwickelung verlor natürlich der Gegensatz zwischen den Reichsbeamten und den schwäbischen seine Bedeutung; das häufigere Vorkommen beim Könige kann desshalb in dieser Zeit auch keinen Haltpunct mehr für die Entscheidung bieten, welchen wir als den eigentlichen Reichsbeamten zu betrachten haben (vergl. §. 5).

14. Die Amtsverrichtungen der obersten Hofbeamten werden nun auf Unterbeamte übergegangen sein; dass solche die Ämter am Hofe beständig versahen, setzt noch die goldene Bulle voraus. Für untergeordnete Verrichtungen werden sie jeder Zeit am Hofe gewesen sein. Aber es ist nach früher Gesagtem (§. 6) kaum wahrscheinlich, dass solche häufiger als Zeugen aufgeführt wurden; nur einzelne Erwähnungen (§. 9) würden wir etwa hieher ziehen dürfen, obwohl ich zugestehe, dass, wenn ich Ortsbeamte, stellvertretende Beamte und Unterbeamte aus einander zu halten suche, es doch an genügenden Haltpuncten für die Scheidung sehr gebricht. Wird

Gerhard v. Erpach gelegentlich 1223 als Schenk des Königs erwähnt (III §. 20), während er doch nie als Zeuge erscheint, so werden wir einen Unterbeamten in ihm vermuthen dürfen. Daraus wird auch zu erklären sein, dass in den Urkunden Konradin's (Mon. Boic. 30, 334—70. 31, 591. 93) Hofbeamte aus Geschlechtern genannt werden, welche bis dahin weder in den Reichsämtern noch in den schwäbischen genannt werden; einige sind Hofbeamte anderer Fürsten, der Truchsess von Donnersberg und Kämmerer v. Wellenburg des Bischofs von Augsburg, der Schenk v. Erpach des Rheinpfalzgrafen; andere, wie die Marschälle v. Schildburg und Flügling, der Kämmerer v. Preising scheinen staufische Ministerialen und Unterbeamte des Herzogthums zu sein; als das Herzogthum längst erledigt war, nennt sich noch 1280 Heinrich v. Kemnat Mareschalcus ducis Suevie, 1299 Camerarius ducis Suevie und Ministerialis imperii (Mon. Boic. 6, 631. 33, 280). Zur Entscheidung der Frage, ob die Reichsbeamten selbst sich Unterbeamte bestellen durften, fehlt jeder Haltpunct; bezüglich der fürstlichen Hofbeamten erfolgte 1223 vor dem Reiche ein Rechtsspruch, dass dieselben nur mit Einwilligung des Fürsten demselben einen Subofficiatus bestellen dürfen (Mon. Germ. 4, 250).

15. Werden neben den obersten Reichsbeamten in der angegebenen Weise fürstliche Hofbeamte, Reichsortsbeamte, stellvertretende Beamte, hie und da vielleicht auch Unterbeamte in den Urkunden genannt, so erklärt das für das zwölfte Jahrhundert durchweg genügend, wesshalb wir trotz der Mehrzahl gleichzeitig auftretender Personen desselben Amtstitels eine einheitliche Besetzung der Ämter annehmen dürfen. Nur für die Mehrzahl der Kämmerer, wie sie unter K. Konrad III. und insbesondere in der früheren Zeit K. Friedrich's I. (IV §. 2—10) hervortritt, dürfte diese Erklärung kaum genügen. Sie werden zu häufig neben einander genannt, und die Versuche, für einen derselben einen durchgreifenden Vorrang, sei es auf Grundlage der Zeugenstellung oder aber nach der Häufigkeit des Vorkommens (V §. 5) zu begründen, stossen auf Schwierigkeiten; und scheinen einzelne im Range andern nachzustehen (IV §. 9. 10), so wird doch schon der Umstand, dass sie überhaupt häufig als Zeugen aufgeführt werden, es verbieten (V §. 6), sie als Unterbeamte eines niederen Ranges zu betrachten. Es scheint demnach, dass es in früherer Zeit eine Mehrzahl von Reichskämmerern gab, welche neben einander fungirten, wie auch nur in der früheren Zeit

K. Friedrich's I. das Amt des Triskämmerer bestimmter hervortritt (IV §. 7. V §. 1). Seit 1168 hört das häufigere Vorkommen mehrerer Reichskämmerer neben einander auf, während der Regierung K. Friedrich's I. werden nur noch einmal 1177 Hartmann und Sigbod neben einander genannt (IV §. 10). Scheint nun auch später hier die Annahme einheitlicher Besetzung des Amtes häufiger auf Schwierigkeiten zu stossen, als in den anderen Ämtern (IV §. 19. 21, 22. 23), so ist es möglich, dass die früher übliche mehrfache Besetzung darauf eingewirkt hat; anderes deutet aber doch darauf hin, dass man auch hier später von der Anschauung einheitlicher Besetzung des Reichsamtes ausging (IV §. 14. 19. 20. 23), wie es ja auchschliesslich nur einen Erbkämmerer gab (IV §. 35). Die vorkommenden Abweichungen lassen sich überdies aus entsprechenden Gründen, wie bei den anderen Ämtern, erklären.

16. Im dreizehnten Jahrhunderte werden wir nämlich nicht umhin können, anzunehmen, dass gleichzeitig mehrere Personen ein und dasselbe oberste Reichsamt beanspruchten und die Reichskanzlei, wenn auch zögernd, mehrfach diese.Ansprüche anerkannte. Der Grund scheint mir darin zu liegen, dass jetzt für die B e s e t z u n g d e r Ä m t e r Grundsätze geltend gemacht wurden, welche dem frühern Herkommen widersprachen, und ehe dieses beseitigt, jene völlig durchgedrungen waren, der eine sich auf dieses, der andere auf jenes stützte, ohne dass die Reichsgewalt sich zu einer endgiltigen Entscheidung entschliessen mochte.

Das ursprüngliche Herkommen dürfte unzweifelhaft w i l l k ü r - l i c h e B e s e t z u n g d u r c h d e n K ö n i g gewesen sein, und zwar so, dass nicht allein alle Erbansprüche ausgeschlossen waren, sondern der neugewählte König auch nicht gehalten war, die Beamten seines Vorgängers im Amte zu belassen. Es würde das im Allgemeinen den Grundsätzen entsprechen, welche noch später für amtsweise Verleihungen galten, wonach, wenn es sich nicht um noch enger begrenzte Verleihungszeit handelte, jedenfalls beim Wechsel des Herrn alle Ämter dem neuen Herrn zu willkürlicher Besetzung ledig waren. Nur freilich, worauf wir zurückkommen, wenigstens im dreizehnten Jahrhunderte mit Ausschluss gerade der vier obersten Hofämter, welche sich vererbten.

Dass einfache Vererbung der Hofämter nicht das ursprüngliche Herkommen sein kann, ergibt sich leicht aus dem Wechsel der

Geschlechter in ein und demselben Amte. Aber auch die Erledigung
der Ämter beim Regierungswechsel wird für frühere Zeiten nicht zu
bezweifeln sein. Wippo (Vita Chuonr. c. 4) erzählt zum Jahre 1024
nach der Krönung K. Konrad's: Similiter in dispositione curiali, quem
rex maiorem domus statueret, quos cubiculariorum magistros, quos
infertores et pincernas et reliquos officiarios ordinaret, diu non est
supersedendum, cum illud breviter dicere possim, quod nullius
antecessoris sui ministeria aptius et honorificentius provisa memini
vel legi. Wurden also damals die Hofämter beim Regierungsantritte
neu besetzt, so vergeben freilich über hundert Jahre, bis uns Hilfsmittel zu genauerer Prüfung vorliegen, und es könnte sich inzwischen
recht wohl ein anderes Herkommen festgestellt haben. Aber noch im
zwölften Jahrhundert führt eine Vergleichung der Reihen der Hofbeamten zu demselben Ergebnisse.

Beim Wechsel nicht allein der Herrscher, sondern auch der
Herrscherhäuser würde es besonders wichtig sein, die Hofbeamten
K. Heinrich's V., Lothar's und Konrad's III. genauer vergleichen zu
können. Aber das Material ist noch ganz ungenügend. Nur der
Truchsess Volkmar (II §. 1. 2), falls alle Erwähnungen dieselbe
Person treffen, würde allerdings vier Herrschern nach einander
gedient haben. Dagegen lässt sich nicht allein darauf hinweisen,
dass noch 1137 bei K. Lothar ein anderer Kämmerer erscheint, als
1138 bei K. Kourad (IV §. 1. 2), sondern es wird auch ohne nähere
Kenntniss der Hofbeamten K. Lothar's sich nachweisen lassen, dass
sie, von Volkmar abgesehen, nicht auf K. Konrad übergegangen
sein können. Denn die Hofbeamten des letztern, die Pappenheim,
Rotenburg, Schipf und Weinsberg gehörten nicht zur eigentlichen
Reichsdienstmannschaft, sondern zu den ostfränkischen Hausbe-
sitzungen der Staufer, wie sich nicht allein aus der Lage ihrer
Wohnsitze, sondern aufs Bestimmteste daraus ergibt, dass sie nach
des Königs Tode zunächst nicht Dienstmannen K. Friedrich's I., sondern
Herzogs Friedrich v. Rotenburg sind; wenn auch einzelne Personen
im Dienste des Reichs verblieben, so leidet das bezüglich der
Geschlechter selbst keinen Zweifel (V §. 3. II §. 3. IV §. 2). Aller
Wahrscheinlichkeit nach hat demnach K. Konrad seine herzoglichen
Hofbeamten als König beibehalten; und so lange es sich bei den
Ämtern noch um den persönlichen Dienst am Hofe handelte, wird
der neuerhobene König in der Regel gewünscht haben, seine bis-

herige erprobte Dienerschaft nicht völlig zu wechseln. Es ergibt
sich daraus zugleich, dass die Hofbeamten nicht nothwendig aus der
eigentlichen Dienstmannschaft des Reiches zu bestellen waren, wie
wir ja auch später Reichsbeamte aus der staufischen im engern Sinne
(III §. 6. 19. IV 15), der welfisch-schwäbischen (II §. 9. IV §. 16)
und der braunschweigischen (II §. 13. 17) finden.

Mit dem Regierungsantritte K. Friedrich's I. scheinen Truchsess,
Schenk und Kämmerer gewechselt zu haben; kein Amt bleibt während
der ganzen Regierung bei einem Geschlechte; wir finden Hofbeamte
aus den Geschlechtern der v. Lautern, Scharfenberg, Bomeneburg,
Sulz, Ballenhusen, Waldhusen, Siebeneich, welche unter K. Konrad
noch nicht auftreten, zum Theil später in der Reihe der Beamten
nie mehr vorkommen. Für das Vorwiegen der persönlichen Beziehung
zum Herrscher spricht dann insbesondere, dass wir unter K. Heinrich
VI. als Reichsmarschall und Reichstruchsess nicht die letzten Beamten
seines Vaters finden, sondern diejenigen, welche das Amt schon bei
Lebzeiten des Vaters an seiner eigenen königlichen Hofhaltung
versehen hatten (I §. 4. 7. II §. 5. 7), obwohl das Geschlecht Markward's v. Anweiler bis dahin in keinem Amte vorkommt; auch keiner
der Schenken des Vaters ist bei ihm nachzuweisen. Für sehr aus-
gedehnte Befugniss des Herrschers bei der Besetzung muss auch
sprechen, dass wir in dieser Zeit ein und dieselbe Person, Heinrich
v. Lautern, nach einander als Marschall, Kämmerer und Schenk
finden (I §. 4. IV §. 14. III §. 9), obwohl als Regel doch anzusehen
sein wird, dass der Beamte aus den in das Amt gehörigen Familien
zu nehmen war; weniger sichere Beispiele des Vorkommens von
Personen desselben Geschlechtes in verschiedenen Ämtern würden
nur noch die Walthusen (III §. 6. IV §. 15), Staufen (III §. 19. IV §. 15).
vielleicht die Tanne (II §. 15, III §. 17) geben, dann in späterer Zeit
die Boland mit ihren Nebenlinien (II §. 21. 23. III §. 22. IV §. 33. 35).

Unter K. Philipp werden wir wieder das Gelangen der Waldburg und Ravensburg zu den Reichsämtern (II §. 9. IV §. 16) aus dem
Besetzungsrecht des Königs erklären müssen. Dass bei K. Otto als
Gegenkönig keine der früheren Reichsbeamten erscheinen, ist erklärlich, eben so, dass nach seiner Anerkennung die Beamten Philipp's
im Amte verblieben. Aber wenigstens bald nachher gelangte durch
ihn ein braunschweigischer Dienstmann zum Reichstruchsessamte
(II §. 13). Für das fortdauernde Festhalten am Besetzungsrechte

des Königs spricht dann wohl am meisten, dass K. Friedrich II. beim
Regierungsantritte einen Marschall, Truchsess und Kämmerer aus
Familien ernannte, welche bisher den Ämtern ganz fremd waren;
trat der letztere zurück (IV §. 20), so hat der Marschall seine Ansprüche lange mit Erfolg geltend gemacht (I §. 17), während das
spätere Erbtruchsessamt der Boland auf jene Besetzung (II §. 14)
zurückgeht.

17. Dem freien Besetzungsrechte des Königs scheint nun zunächst ein Anspruch der Beamten des Vorgängers auf
Fortführung des Amtes entgegengetreten zu sein. Bleibt der Truchsess K. Heinrich's V. bei Lothar und Konrad, der Marschall K. Konrad's
bei Friedrich I. im Amte, so folgt daraus natürlich noch nicht,
dass das nicht dem Wunsche des Königs gemäss gewesen sei.
Aber zuerst scheint das Vorkommen der Kämmerer von Siebeneich
und von Lautern (IV §. 14) bestimmt darauf hinzuweisen, dass
K. Heinrich VI. diesen als seinen frühern Kämmerer beizubehalten
wünschte, während der von Siebeneich auch nach dem Tode des
Kaisers nicht weichen wollte. K. Philipp hatte in dieser Richtung
ziemlich freie Hand, da der Truchsess und wohl auch der Schenk
seines Vorgängers nicht aus Italien heimkehrten, das Kämmereramt
aber erledigt war (II §. 7. III §. 9. IV §. 15); den Marschall behielt
er bei. Dass K. Otto nach seiner allgemeinen Anerkennung, wohl
nur den Umständen nachgebend, sämmtliche Beamte des Vorgängers beibehalten zu haben scheint, es ihm wohl nur besondere
Umstände ermöglichten, neben den Waldburg auch seinen Truchsess
Gunzelin im Amte zu belassen (II §. 13) mag der Anschauung eines
freien Besetzungsrechtes des Königs insbesondere Eintrag gethan
haben. Und so werden denn auch die neuen Ernennungen K. Friedrich's II. anscheinend sämmtlich von den Beamten des Vorgängers
bestritten; weicht der Kämmerer, so finden wir nun gleichzeitig
einen Reichsmarschall v. Pappenheim und Justingen, einen Reichstruchsessen v. Boland und v. Wolfenbüttel, während die Reichskanzlei zu zögern scheint, sich bestimmt für den einen oder andern
zu erklären (I §. 17. II §. 17). Gerade bei dem früher nicht einmal
den Reichsdienstmannen angehörigen Gunzelin zeigt sich auf's
bestimmteste, dass seine Ansprüche sich auf keinerlei Erbrecht,
sondern lediglich auf die Stellung beim Vorgänger stützten.

18. Schliesslich wurde allerdings das königliche Besetzungsrecht völlig beseitigt durch die Erblichkeit der Hofämter. Was die
Erblichkeit der Hofämter im Allgemeinen betrifft, so liegt
uns allerdings schon für die frühere Zeit des zwölften Jahrhunderts
ein Fall vor, in welchem eine der Folge in Leben entsprechende
Erblichkeit auf's bestimmteste von vornherein zugestanden wird. Der
Erzbischof von Mainz bekundet nämlich 1127, dass der Probst
v. Aschaffenburg zwei seiner Censualen zu Ministerialen gemacht
habe, et ex eis alterum pincernam, alterum vero marscalcum ordi-
naverit; ita ut, si idem prenominati viri legitimas de familia eiusdem
ecclesie uxores duxerint et ex eis liberos procreaverint, qui inter
eos maiores masculini sexus fuerint, eadem duo predicta officia iure
hereditario obtineant; et sic per singulas generationes inperpetuum
sibi in eandem conditionem succedant (Guden. Cod. dipl. 1,394).
Doch wird uns das schwerlich berechtigen dürfen, auch nur für die
kirchlichen Hofhaltungen die Erblichkeit als schon im zwölften
Jahrhundert unbedingt feststehend zu betrachten. Genauere Untersuchungen werden allerdings sehr erschwert durch das seltene Vorkommen der fürstlichen Hofbeamten, unsere Unbekanntschaft mit
ihrem Geschlechte und verwandtschaftlichen Zusammenhange. Aus
einer sehr gründlichen Erörterung über die münsterischen Hofämter
(von Perger. Westfäl. Zeitschr. 19, 299 ff.) scheint sich doch erst
für das dreizehnte Jahrhundert strengere Erblichkeit zu ergeben;
noch 1204 scheint ein neugewählter Bischof mit Umgebung des
noch lebenden Truchsess seines Vorgängers einen solchen aus einem
anderen Geschlechte bestellt zu haben (a. a. O. 313). Doch dürfte
an den meisten Reichskirchen wenigstens um den Beginn des Jahrhunderts die Erblichkeit schon festgestanden haben; denn im Laufe
desselben wurde sie unzweifelhaft schon als gemeinrechtlich anerkannt. Heisst es 1219 im Rechtsspruche für Bremen, dass dem
neugewählten Bischofe alle Ämter ledig seien exceptis quatuor principalibus, so liesse sich das etwa nur auf Belassung der Beamten des
Vorgängers beziehen; ganz bestimmt wird aber 1223 in entspre-
chendem Rechtsspruche für Korvei hinzugefügt: officiatorumque
filii seniores et legitimi patrum succedent officiis pleno iure; und
wieder heisst es in Sprüchen für Hersfeld und Brixen 1240: exceptis
quatuor principalibus, quae post se consequentiam summam trahunt
(Mon. Germ. 4, 234._252. 333. 334. vgl. 366). Bei den Laien-

sten scheint in dieser Zeit die Erblichkeit noch keineswegs durchwegs
festgestanden zu haben; bei den Herzogen von Österreich und Baiern
erscheinen wenigstens fast bei jedem Wechsel andere Geschlechtsnamen (Meiller Babenb. Reg. 317. Mon. Boica Index 236. Quellen
und Erört. 5, 494). Dagegen setzt das wohl kurz nach 1211 auf-
gezeichnete Hennegauer Dienstrecht nicht allein durchweg die
Erblichkeit der Ämter voraus, sondern wir finden das Schenkenamt
sogar in der Hand einer Erbtochter (Fürth Ministerialen 534),
während im Allgemeinen nach einem Rechtssprüche von 1230 kein
Weib Anspruch auf Folge in den vier Ämtern hatte (Mon. Germ.
4, 278).

19. Was die Erblichkeit der Reichshofämter insbeson-
dere betrifft, so scheint sich diese im Beginne des dreizehnten Jahrhunderts festgestellt zu haben. Ein ausdrückliches Zeugniss gibt uns
allerdings erst jene Urkunde, durch welche an Philipp v. Falkenstein
und seine nach Lehnrecht berechtigten Erben das Kämmereramt und
die übrigen Reichslehen der Minzenberg geliehen werden (IV §. 35).
Was das thatsächliche Verbleiben der Ämter bei einzelnen Familien
betrifft, so finden wir Marschälle v. Puppenheim schon ununterbrochen seit 1138, falls wir die sich möglicherweise zwischen
1183 und 1185 ergebende Unterbrechung (I §. 3. 7) nicht beachten, Schenken v. Schipf (Limburg) seit 1200 (III §. 11), Küchenmeister v. Rotenburg (Nordenberg) seit 1202 (II §. 24), Kämmerer
v. Minzenberg (Falkenstein) seit 1209 (IV §. 19), Truchsesse von
Boland seit 1212 (II §. 14). Ein letztes auffallendes Beispiel für
Nichterblichkeit gibt nach 1197 die Nichtberücksichtigung der Erben
Markwart's v. Antweiler, dessen Sohn uns bekannt ist (II §. 7), und
Heinrich's v. Lautern (III §. 9), welcher, wenn nicht Söhne, jedenfalls nähere Verwandte hinterliess. So auffallende Beispiele finden
sich seitdem nicht mehr. Denn mit Heinrich v. Waldburg scheint
1209 oder kurz nachher der Mannsstamm seines Hauses ausgestorben
zu sein (II §. 13). Heinrich v. Ravensburg hinterliess allerdings
Bruder und Sohn, und suchte sich jener anfangs im Reichsamte zu
behaupten, so scheinen doch später alle Ansprüche aufgegeben zu
sein; aber dabei wird doch auch in's Gewicht fallen müssen, dass
die Stellung Heinrich's selbst zuletzt keine unbestrittene gewesen zu
sein scheint (IV §. 19. 23. 24). Den Ansprüchen jener erbberechtigten Familien wurden wohl noch andere entgegengestellt; aber

(Ficker.)

doch ohne schliesslichen Erfolg. Anselm v. Justingen konnte die
Pappenheim nicht mehr verdrängen (I §. 17). Zuletzt, wenn wir
von den durch die späteren Gegenkönige herbeigeführten Schwan-
kungen absehen, scheint das Erbrecht als massgebend für die Nach-
folge in Frage gestellt zu sein 1222 nach dem Tode Werner's I.
v. Boland (II §. 16); aber nicht allein, dass seine Nachkommen sich
doch thatsächlich beim Amte behaupteten; es wird auch zu beachten sein, dass Werner überhaupt der erste seines Geschlechtes gewesen war, welcher das Amt bekleidete, was bei keiner der anderen
der jetzt als erbberechtigt erscheinenden Familien der Fall war.

20. Der verhältnissmässig rasche Übergang von anscheinend
ganz willkürlicher Besetzung zu kaum bestrittener Erblichkeit, wie
wir ihn für den Beginn des dreizehnten Jahrhunderts nach dem
bisher Gesagten anzunehmen hätten, hat etwas Auffallendes; die
Schwäche des Königthums würde ihn allerdings von dieser Seite
her genügend begründen; aber wie wäre es zu erklären, dass andere Familien, aus welchen das Amt früher gleichfalls besetzt wurde,
diese Bevorzugung einzelner Geschlechter ohne Einspruch hinnahmen,
wenn eben nur die zufällige Besetzung in der Zeit des Überganges
dafür massgebend war? Und doch würden uns, von der besonderen
Stellung der Ravensburg abgesehen, nur etwa die Kämmerer Hermann
und Heinrich (IV §. 22), falls diese, was zudem sehr zweifelhaft
ist, zu den Siebeneich gehörten, ein Beispiel geben, dass eine
zweite der früheren Amtsfamilien Erbrechte geltend machte. Es
scheint nun aber auch, dass hier noch etwas anderes eingegriffen
hat, nämlich ein hergebrachtes Vorrecht einzelner Geschlechter auf die einzelnen Ämter. Es muss von vorne herein auffallen, dass von den später erbberechtigten Familien die Pappenheim,
Rotenburg und Schipf gerade wieder diejenigen sind, welche wir
schon unter K. Konrad III. im Amte fanden, ein Kämmerer v. Minzenberg wenigstens schon in der früheren Zeit K. Friedrich's I. auftritt
(IV §. 8), die 1212 zuerst auftretenden Boland aber ein Amt versehen, auf welches nach Abfindung der Rotenburg ein althergebrach-
tes Vorrecht nicht mehr bestehen konnte. Sehen wir auf das Einzelne, so ist das ununterbrochene Vorkommen der Pappenheim
im Amte seit 1138 keineswegs in dieser Richtung das Auffallendste;
auf einem Vorrechte wird das nicht nothwendig beruhen müssen.
Statt der Rotenburg finden wir 1162 — 1167 (II §. 3), dann

wieder seit 1183 Truchsesse aus anderen Familien; aber Konrad, der
Bruder des letzten Truchsess v. Rotenburg behält trotzdem den Amtstitel bei (II §. 4. 8. 10), erscheint mit demselben mehrfach in Kaiserurkunden, einigemal neben den anderen Truchsessen; und wollte
man das nicht auf ein Vorrecht der Familie, sondern darauf beziehen,
dass er früher als stellvertretender Truchsess neben seinem Bruder
fungirt hat, so hätte solcher persönlicher Anspruch wenigstens mit
seinem Tode aufhören müssen. Aber gerade da scheint nun ein Anspruch des Geschlechtes, trotzdem, dass es so lange das Amt nicht
versehen, auf's bestimmteste hervorzutreten durch die Errichtung
des Küchenmeisteramtes zu seinen Gunsten (II §. 10. 24). Die
Schipf finden wir als Schenken 1138 — 1146, 1165 — 1183,
dann seit 1200 (III §. 2. 5. 11). Dieses Wiederauftreten ist auffallend. Das Streben K. Philipp's ging unzweifelhaft dahin, seine
herzoglichen Hofbeamten beizubehalten, wie ihm das auch bei den
Waldburg und Ravensburg gelang, und bei dem Schenken v. Tanne
beabsichtigt sein mag (III §. 12); dieser aber hatte nun nicht dem
Schenken des Vorgängers, Heinrich v. Lautern, oder dessen Erben,
sondern einem Mitgliede eines Geschlechtes zu weichen, welches seit
geraumer Zeit das Amt nicht mehr bekleidet hatte. Und weiter wird
zu beachten sein, dass die Rotenburg und Schipf zwar nicht immer
im Amte sind, aber doch nach Zwischenräumen in demselben wieder-
kehren, während aus anderen Geschlechtern überall nur einzelne
Personen als Truchsesse und Schenken nachzuweisen sind, nie zwei
aus demselben Geschlechte (II §. 3. 5. 7. III §. 3. 4. 6. 8. 9). Anders stellt sich das bezüglich der Minzenberg. Im Kämmereramte
finden wir 1153 — 1191 drei v. Siebeneich (IV §. 5. 6. 14); in
diesen sollten wir demnach die bevorzugte Kämmererfamilie vermuthen. Es wäre möglich, dass diese ausgestorben, möglich aber auch,
dass sie wirklich noch später Ansprüche erhob (IV §, 14. 22). Aber
nun ist es schon sehr auffallend, dass der ältere Kuno von Minzenberg 1162 — 1168 den Kämmerertitel fährt und dabei einen höhe-
ren Rang einzunehmen scheint, als der von Siebeneich (IV §. 8).
Vierzig Jahre lang hören wir weiter von keinem Kämmerer v. Minzenberg, während dann nicht bei einem Regierungswechsel, sondern
während der Regierung Otto's und einem Kämmerer gegenüber,
welcher schon lange Jahre anscheinend ohne allen Widerspruch das
Amt versehen hatte, der jüngere Kuno Anspruch auf das Amt erhebt

(IV §. 19) und sich dieses nun in seiner Familie vererbt, obwohl sein Nachfolger Ulrich keineswegs in besonders naher Verbindung zum Kaiserhause zu stehen scheint (IV §. 21); ohne die Annahme eines alten Vorrechtes der Familie scheinen diese Umstände kaum zu erklären.

Wir würden darnach etwa anzunehmen haben, dass es schon vor dem Erblichwerden der Ämter in jedem Amte eine bevorrechtete, gleichsam an der Spitze aller Amtsgeschlechter stehende Familie gab, aus welcher herkömmlich auch der oberste Hofbeamte vorzugsweise bestellt wurde; dieses Vorrecht wusste man dann später bis zu einem ausschliesslichen Erbanspruche auszudehnen. Daraus mochte sich in einem Falle, bei den Pappenheim schon früh eine wenigstens thatsächliche Erbfolge entwickeln, während in einem andern, bei den Minzenberg, besondere Verhältnisse ein Versehen des Amtes durch ein Mitglied des Geschlechts längere Zeit hintanhalten mochten. Das Vorhandensein einer bevorzugten Stellung wird sich kaum bezweifeln lassen; zu näherer Bestimmung ihrer Wirksamkeit dürften uns aber genügende Haltpuncte ganz abgehen. Bezüglich der Zeit der Ausbildung dieses Vorrechts wird sich von den Pappenheim, Rotenburg und Schipf mit ziemlicher Bestimmtheit sagen lassen, dass wir über die Zeit der staufischen Könige nicht zurückgreifen dürfen, insoferne sie früher überhaupt nicht zur Reichsdienstmannschaft gehört zu haben scheinen (§. 16). Der Vorrang der Hagen-Minzenberg mag weiter zurückreichen; fehlen uns auch frühere Zeugnisse für eine nähere Beziehung zum Kämmereramte, so scheint wenigstens Eberhard v. Hagen schon am Hofe K. Heinrich's IV. eine einflussreiche Stellung eingenommen zu haben (vgl. Wenck Hess. L. G. 1, 273); die v. Hagen finden wir dann auch in Urkunden K. Heinrich's V. (B. 2072. 80), Lothar's (B. 2110), und besonders häufig in denen K. Konrad's III.; wir werden sie unzweifelhaft schon für die früheren Zeiten des zwölften Jahrhunderts als das angesehenste Reichsdienstmannengeschlecht bezeichnen dürfen.

21. Wurden die Ämter später als Reichslehen betrachtet, so müssen für die Erbfolgeordnung auch die Grundsätze des Reichslehenrechtes massgebend gewesen sein, wie das bei der Belehnung Philipp's v. Falkenstein 1257 ausdrücklich gesagt wird (IV §. 35); das Amt vererbte demnach nur von Vater auf Sohn. In früherer Zeit scheint, auch wenn das Amt bei der Erledigung dem Geschlechte

verblieb, nicht gerade der Sohn, sondern häufig zunächst der Bruder berücksichtigt worden zu sein, während sich dann aber doch eine Annäherung an die Grundsätze der Erbfolge in Lehen darin zeigt, dass wir nach dem Bruder den Sohn des Verstorbenen im Amte finden. So lange ein eigentliches Erbrecht sich noch nicht ausgebildet hatte, mochte in dieser Richtung häufig der Umstand einwirken, dass der Sohn zu jung war, um ihm ein einflussreiches Amt anzuvertrauen. So folgt, wenn unsere Bestimmung des verwandtschaftlichen Zusammenhanges richtig ist, auf Arnold v. Rotenburg und Hartmann v. Siebeneich zunächst ihr Bruder, dann ihr Sohn (II §. 2. 3. 4. IV §. 5. 6). Im dreizehnten Jahrhunderte finden sich noch entsprechende Fälle, und zwar so, dass der Bruder schon bei Lebzeiten dem inzwischen etwa erwachsenen Sohne das Amt zu überlassen scheint. Auf Heinrich v. Ravensburg folgt zunächst sein Bruder Dieto, welcher aber nach einigen Jahren den Amtstitel zu Gunsten seines Neffen aufgibt (IV §. 23. 24). In ähnlicher Weise folgt auf Walter v. Schipf zunächst sein Bruder Konrad v. Klingenberg; neben diesem tritt dann später auch der Neffe Walter v. Limburg als Schenk auf, ohne dass freilich der Oheim den Titel aufgibt; aber der Umstand, dass später die Limburg, nicht die Klingenberg als Reichsschenken galten, beweist doch, dass man auch hier das Erbrecht des Sohnes als massgebend betrachtete (III. §. 15. 16. 22). So mag auch nach Anerkennung eines ausschliesslichen Rechtes einzelner Geschlechter eine Zeit lang eine Einflussnahme des Königs auf die Besetzung noch in so weit stattgefunden haben, als es ihm zustehen mochte, innerhalb des Geschlechtes den Beamten nach Belieben zu wählen; aber auch dieser letzte Rest seines Einflusses musste aufhören, als die Anschauung durchdrang, dass die Ämter Reichslehen seien und sich nach den Grundsätzen des Reichslehenrechtes vererben müssten.

22. Werden wir diese Anschauung schon für die späteren Zeiten K. Friedrich's II. als massgebend annehmen dürfen, so wird eine Beachtung der Einwirkung des Interregnum ergeben müssen, in wie weit dieselbe bereits als allen Wechselfällen gegenüber feststehend betrachtet werden darf. Mochte nur ganz ausnahmsweise einer der Gegenkönige sich stark genug fühlen, einem ihn nicht anerkennenden Grossen seine Lehen absprechen zu lassen, so musste das doch näher liegen bei Ämtern, deren nächste Beziehung zur Person des Königs doch noch kaum ganz in Vergessenheit gerathen

war. Und sowohl K. Konrad IV. als K. Wilhelm versuchten es auch wirklich, statt der erbberechtigten Hofbeamten, von welchen sie nicht anerkannt wurden, andere aufzustellen. Auch diese nicht ganz willkürlich; für den Marschall K. Wilhelm's, Anselm v. Justingen (I §. 23), sprach die einstige Stellung seines Vaters; die übrigen, K. Wilhelm's Schenk Werner v. Boland (III §. 22), dann K. Konrad's Truchsess Philipp v. Falkenstein (II §. 21) und sein Kämmerer Philipp v. Hohenfels (IV §. 33) gehörten sämmtlich einer der mächtigsten berechtigten Familien an, so dass wenigstens vermieden wurde, Ansprüche anderer Geschlechter zu begründen. Aber schliesslich hat in keinem Amte dieses Aufstellen von Gegenbeamten die Ansprüche der Erbberechtigten beseitigen können; schon unter K. Richard wird es als anerkannt gelten dürfen, dass der Erbanspruch das allein massgebende sei, die etwaige Fernhaltung von einem nicht allgemein anerkannten Könige ihm keinen Eintrag thun könne. Denn obwohl der Erbmarschall und Erbschenk nie bei K. Richard, wohl aber bei dem Staufer Konradin nachweisbar sind, hat der König keine Gegenbeamte aufgestellt (I §. 23. II §. 21. 22). Um so weniger konnte später noch das alleinige Massgeben des Erbrechts in Frage kommen. Dafür war nun auch die nähere Beziehung zur Person des Königs ganz geschwunden, wie schon das seltene Vorkommen der Erbbeamten am Hofe erweist; nur bei einzelnen feierlichen Gelegenheiten war noch von einem Versehen des Amtes die Rede ; es handelte sich wesentlich nur noch um einen mit bestimmten Einkünften und Lehen verbundenen Titel. Die später zur täglichen Dienstleistung verwandten Hofbeamten sind nie zu ähnlicher Bedeutung gelangt.

23. Übersicht der Reichshofbeamten und der häufiger vorkommenden Nebenbeamten und Gegenbeamten:

I. Reichsmarschälle: Konrad 1116. §. 1. — Heinrich v. Pappenheim 1138—83. §. 2. 3. — *Bertold* 1161. 68. §. 5. — *Wolfram v. Hagenau* 1169—87. §. 5. — *Werner v. Strassburg* 1181—96 §. 5. 10. — Heinrich v. Lautern 1183—86. §. 4. — Ekbert v. Lautern 1188. 89. §. 4. — Heinrich v. Kalentin (Testa, Pappenheim) 1185—1218? §. 7. 11. 15. 17. — *Sifrid v. Hagenau* 1192—1219. §. 8. 13. 20. — *Eberhard v. Anebos* 1193. 94. §. 9. — *Ulrich v. Rechberg* 1199. 1200. §. 12. — *Hildebrand v. Rechberg* 1200 — 26. §. 12. 19. — Anselm v. Justingen 1212. 15—24. 34. §. 17. — Heinrich v. Pappenheim 1218? u. s. w. §. 18. 23. —

Hermann Knüfting 1215—21. §. 21. — *Anselm v. Justingen* II 1249. § 23.

II. *a*) Reichstruchsesse: Volkmar 1104—41. §. 1. 2. — Arnold v. Rotenburg I. 1144—50. §. 2. — Walter (v. Rotenburg I) 1150—58. §. 2. 3. — Rudolf v. Scharfenberg 1154. 62—65. §. 3. — Ulrich 1166. 67. §. 3. — Walter (v. Rotenburg II) 1168—83. §. 4. — *Arnold v. Rotenburg* II. 1172—79. §. 4. — *Konrad v. Rotenburg* 1175—99. §. 4. 8. 10. — Heinrich v. Bomeneburg 1184. 85. §. 5. — Hugo v. Sulz 1186—89. §. 5. — Markward v. Anweiler 1185—97. §. 7. —Heinrich v. Waldburg 1200—9. §. 9. 13. — Gunzelin v. Wolfenbüttel 1208—36. §. 13. 17. — Werner v. Boland I 1212—21. §. 14. — *Eberhard v. Tanne-Waldburg* 1214—34. §. 15. 16. — Werner v. Boland II 1222—57. §. 16. 23. — *Otto Bertold v. Waldburg* 1239—60. §. 22. — *Philipp v. Falkenstein* 1246—53. §. 21. — Werner v. Boland III 1257 u. s. w. §. 23.

II. *b*) Reichsküchenmeister: Heinrich v. Rotenburg 1202 — 25. §. 24. — Hartwig v. Rotenburg 1217—34. §. 25. — Lupold v. Rotenburg-Nordenberg 1246 u. s. w. §. 26.

III. Reichsschenken: Konrad Bacho 1128. §. 1. — Konrad Pris (v. Schipf) 1138—46. §. 2. — Reiner 1150. §. 2. — Hildebrand 1152—57. §. 3. — Konrad v. Ballenhusen 1163. 64. §. 4. — Konrad Kolbo (v. Schipf, Klingenberg, de Maciis) 1165—83. §. 5. — *Ludwig Kolbo* 1165. 67. §. 5. — Konrad v. Waldhusen 1184—89. §. 6. — Herdegen v. Grindlach 1191. §. 8. —Heinrich v. Lautern 1191—97. §. 9. — *Eberhard v. Tanne* 1198. 1205. 14. §. 12. 17. — Walter v. Schipf 1200—18. §. 11. 13. 14. — Konrad v. Schipf-Klingenberg 1210—46. §. 13. 15. 21. — *Konrad v. Tanne-Winterstetten* 1220—42. §. 18. 22. — *Eberhard v. Tanne-Winterstetten* 1223— 27. §. 18. — *Friedrich v. Staufen* 1221. §. 19. —Walter v. Schipf-Limburg 1230 u. s. w. §. 16. 21. — *Konrad v. Schmalneck* 1243. 45. §. 21. — *Konrad v. Winterstetten* 1248 u. s. w. §. 21. — *Werner v. Boland* 1249—55. §. 22.

IV. Reichskämmerer: Egeno 1123. §. 1.—Anno 1134. §. 1. — Bertold 1137. §. 1. — Tibert v. Weinsberg (Lindach) 1138— 51. §. 2. — *Wichnand v. Schonenberg* 1145. §. 3. — *Konrad v. Walhusen* 1150. 52. §. 4. — Hartmann v. Sieheneich 1153—77. §. 5. — *Bertold (v. Schonenberg)* 1162—68. §. 7. — *Kuno v. Minzenberg* I 1162—68. §. 8.—*Rüdiger* 1162—69. §. 9. *Sigebod v. Groitsch* 1162—81. §. 10. — Rudolf v. Siebeneich I 1165 — 80? §. 6. — Rudolf v. Siebeneich II 1180?—91. §. 6. 14. — Heinrich v. Lautern 1187—91. §. 14. — *Vakanz* 1192—97. §. 15. — Heinrich v. Ravensburg 1202—12. §. 16. 19. — Kuno v. Minzenberg II 1209. 10. §. 19. — Ulrich v. Minzenberg I 1212 — 34. §. 19. 21. — Albert v. Tannhausen 1212. §. 20. — Hermann und Heinrich (v. Siebeneich?) 1213—18. §. 22. — *Dieto v.Ravensburg* 1214—17. §. 23. — *Friedrich v. Bienburg* 1219—25. §. 24. — *Konrad v. Werd* 1219—30. §. 26. — *Heinrich v. Ravensburg* 1231 u. s. w. *Hohenfels* §. 35.—Kuno v. Minzenberg III 1240. §. 33.—*Philipp v.* 1246—50. §. 33. — Ulrich v. Minzenberg II 1249 — 55. §. 35. — Philipp v. Falkenstein 1257 u. s. w. §. 35.

24. Verzeichniss der erwähnten Geschlechtsnamen: von Aachen IV 12. 15. 15. 28. 31. V 11. — Aeys? I 20. — Alfter I 14. — Altenburg I 5. V 11. — Althann III 22. — Amerstede IV 15. — Anebos I 9. — Anestetten IV 15. — Anweiler (Husen) II 7. 18. V 4. — Apolda III 10. — Bacho III 1. — Ballenhusen III 4. V 4. — Bienburg (Ravensburg) IV 24. 25. 34. — Boland (Falkenstein, Hohenfels) II 14. 16. 17. 21. 23. III 22. IV 33. 35. V 3. 8. 10. 13. 16. 19. — Bomeneburg II 5. — Boppard IV 15. V 11. — Capece II 20. — Donnersberg V 14. — Eger IV 26. — Erpach III 20. V 14. — Esbeck II 12. — Eversberg I 13. — Falkenstein (Boland, Minzenberg) II 21. IV 35. V 13. — Filangieri I 22. — Flügling V 14. — Gelluden (Ballenhusen?) III 4. — Germersheim I 3. V 11. — Gienberg (Bienburg?) IV 34. — Giselingen (Nürnberg?) IV 29. V 11. — Gnufting (Raderach) I 20. — Grindlach (Nürnberg) III 8. — Groitsch IV 10. 15. V 11. — Gron (Groitsch?) IV 15. — Hagen (Minzenberg) IV 8. V 3. 20. — Hagenau I 5. 8. 9. 10. 13. 20. IV 9. V 11. — Helmscellingen III 3. — Hohenfels (Boland) IV 33. V 13. — Hohenzollern IV 35. — Horenburg I 10. — Huebor? I 10. — Husen (Anweiler) II 3. 7. — Justingen I 6. 13. 17. 23. V 4. 8. — Kalentin (Pappenheim, Testa) I T. 11. 15. 17. V 8. — Kemnat V 14. — Kestenburg (Speier, Trifels) IV 15. 17. V 10. 11. — Klingenberg (Schipf) III 5. 15. 16. 21. 22. V 13. — Kolbo (Schipf) III 5. 9. — Lautern I 4. 9. III 2. 9. 20. IV 14. 30. V 11. 16. — Leren (Werd) IV 26. — Limburg (Schipf) III 16. 21. 22. V 13. — Lindach (Weinsberg)